Buchgeflüster

Annie François

Buchgeflüster

Autobiobibliographie

Aus dem Französischen
von Marianne Schönbach

persona verlag

Die Deutsche Bibliothek – CIP-Einheitsaufnahme

François, Annie:
Buchgeflüster : Autobiobibliographie / Annie François.
Aus dem Franz. von Marianne Schönbach.
– Mannheim : Persona-Verl., 2002
Einheitssacht.: Bouquiner <dt.>
ISBN 3-924652-30-9

Titel der Originalausgabe: »Bouquiner«

Umschlag: Vera Lais-Herold, unter Verwendung
eines Aquarells von Hermann Herold
Satz: Petra Petzold, Heiligkreuzsteinach
Druck: Fuldaer Verlagsagentur

Bettleserin

Lesen verbinde ich seit jeher mit Bett. Zumindest seit jenem analphabetischen Alter, als man mir, kaum dass ich mich in die Falle verzogen hatte, die abenteuerlichsten Geschichten vorlas. Ihretwegen ging ich schlafen, ohne groß Geschichten zu machen.

Ich wollte sie nicht erzählt, sondern vorgelesen haben. Aufmerksam verfolgte ich, wie die Seiten umgeblättert wurden, damit ich wusste, an welcher Stelle des Buches ich meine Helden wiederfinden würde, wenn sich die Geduld meiner Vorleser erschöpft hätte. Denn sie erschöpfte sich unweigerlich, während ich, obwohl todmüde, doch immer mehr verlangte.

Um mich von der Faulheit meiner Vorleser zu befreien, gab es nur eine Lösung: Ich musste selbst lesen lernen. Und ich habe es gelernt, mit ihrer aller Unterstützung, wobei jeder seine eigene Methode hatte. Das Ergebnis war, dass ich ihnen in ihrer großen Kunst niemals das Wasser reichen konnte – nämlich laut vorzulesen, mit der richtigen Betonung, ohne die Eigennamen zu entstellen. (Noch heute fange ich beim Vorlesen an zu stottern, verstümmele Familiennamen, Ortsnamen. Russische Romane sind für mich Lust und Qual zugleich; ich versuche, diesen Konsonantenwirrwarr, der mein Lesen verlangsamt, wie ein Foto auf meine Netzhaut zu bannen, doch schon beim dritten Karamasow verhaspele ich mich völlig. Was mich aber nicht daran hindert, bei jedem exotischen Wort die Konsonanten zu vokalisieren: Raskolnikow, Téotihuacan, Ziguinchor ...)

Kurzum, ich half mir selber, indem ich bis ultimo las. Jedenfalls so lange, bis mir eine gebieterische Stimme befahl, das Licht auszumachen. Als mich eines Abends ein heller Streifen unter der Tür verriet, ging ich wie alle lesenden Kinder dazu über, eine Taschenlampe zu benutzen, und erstickte förmlich unter der Bettdecke. Nur zum Luftschnappen tauchte ich ab und zu auf. Wenn die Erwachsenen ausgegangen waren, konnte ich oben bleiben und beim Schein der Nachttischlampe nach Herzenslust lesen. Kaum bliesen ihre Schritte im Flur zum Zapfenstreich, ging das Licht ganz schnell wieder aus.

Diese Freiheit genoss ich bis zu jener Nacht, als meine Mutter, die gekommen war, um ihrer sich schlafend stellenden Tochter einen Gutenachtkuss zu geben, sich am Schirm der Bettlampe verbrannte. Nachdem sie mich in flagranti ertappt hatte, blieb mir nichts anderes übrig, als für einige Jahre wieder in die Heimlichkeit der Wonder-Batterien abzutauchen.

Kurz, ich kann nur im Bett gut lesen, oder vielmehr in liegender Position. Früher auf dem Bauch, heute auf dem Rücken, durch zwei Kopfkissen solide gestützt. Lesen im Sitzen verbinde ich mit Schule, mit Arbeit, mit körperlicher Nötigung. Es schmälert das Lesevergnügen. Außer in der Metro.

Ohne zu lesen, kann ich nicht einschlafen. Selbst um vier Uhr morgens brauche ich meine Dosis an Seiten. Da mein linkes Auge schneller ermüdet als das rechte, lese ich mit nur einem Auge weiter, bis ich völlig erschöpft bin. Unfähig, am Ende eines Kapitels, Abschnitts oder einer Zeile aufzuhören, übermannt mich der Schlaf dann mitten im Satz.

Lesezeichen

Ich bin keine Fetischistin, aber einem Buch Eselsohren zu verpassen bringe ich nicht fertig. Ebenso wenig kann ich mich jedoch entschließen, ein Lesezeichen zu benutzen. Daher meine Gewohnheit, Bücher (ausgenommen diejenigen, die man mir geliehen hat) beherzt zu öffnen, ihren Rücken zu brechen, sie dachartig hinzulegen. Ich hasse steife Buchdeckel, die nur eine ganz knauserige Lektüre erlauben und deren tadellose Aneinanderreihung in Bibliotheken den Eindruck erweckt, als würden sie nie gelesen.

Morgens in der U-Bahn stelle ich es dem Buch anheim, sich an der richtigen Stelle zu öffnen. Und beginne unversehens auf einer der Seiten, die ich am Abend zuvor im Halbkoma schon einmal gelesen habe. Plötzlich erinnere ich mich und blättere zehn Seiten vor. Zu viel. Ich blättere wieder zurück. Da, ich hab's. Für mindestens zehn Stationen bin ich jetzt beschäftigt. Die stumm bettelnde Zigeunerin oder der unüberhörbar vorgebrachte Satz »Verzeihung, wenn ich störe, aber ich bin arbeitslos« lassen mich gleichgültig. Ohne von meinem Buch aufzusehen, halte ich mein Geldstück hin. Und verabscheue mich dafür. Wenig später reißen mich ein schepperndes Akkordeon oder das nervtötende Bum-Bum eines zu laut eingestellten Walkmans aus meiner Lektüre. Ich wechsle den Waggon. Die Seite verloren! Wieder irre ich von Abschnitt zu Abschnitt. Endlich, da war's! Und, Mist, jetzt hab' ich die Station Pont-Neuf verpasst!

Trotz dieser ärgerlichen Erfahrungen wird nichts mich jemals dazu bewegen, ein Lesezeichen zu benutzen oder meine Bücher mit Eselsohren zu versehen.

Auch Anmerkungen kommen nicht in Frage. Allerdings

habe ich manchmal das Bedürfnis, bestimmte Stellen zu markieren. Dann drücke ich den Fingernagel ganz fest auf den Rand der Zeile mit der unrichtigen Behauptung oder der denkwürdigen Formulierung. Und werde für verrückt gehalten, wenn ich mein Buch später schräg in alle Richtungen neige oder es wie jemand, der Blindenschrift liest, mit den Fingerspitzen berühre, um die Delle im Papier zu ertasten. Der misstrauische Blick meiner Nachbarn lässt mich meine Suche auf später verschieben. Abends, unter dem hellen Strahl meiner Halogenlampe, finde ich sie wieder, die Phantomspur. Und auf meiner Stirn erscheint ein Fragezeichen. Warum diese Wut, diese Begeisterung?

Jene schamlosen Zeichen, die den Enthusiasmus oder den Leserhythmus des Besitzers verraten, mag ich nicht. Hingegen habe ich nichts gegen Spuren, die mich einen Moment lang verblüffen: den sepiafarbenen Ring einer Tasse Kaffee oder den Fettfleck, der das Papier ein bisschen transparenter macht. Ich mag es, wenn ein wenig Sand die Seiten gaufriert und die Schnittkanten abrundet, wenn drei Mohnblumenblätter hochfliegen oder eine Wiesenblume, deren Namen ich später herausfinden werde, beim schnellen Blättern zu Boden fällt. Mehr als jeder Kommentar am Rand rufen sie mir einen Ort, Gerüche, eine Jahreszeit und bestimmte Leute in Erinnerung.

Ich missbillige Bemerkungen am Textrand, bringe es aber fertig, wenn ich kein anderes Stück Papier zur Hand habe, in aller Ruhe auf der letzten Seite (und nur dort) das Porträt einer Frau im Bus zu zeichnen oder meinen Fuß, an dem eine Sandale baumelt, oder, als säße ich in meiner heimlichen Schmollecke, mich über meinen Lebensgefährten auszulassen.

Ich hasse Lesezeichen, aber meine Bücher sind voll gestopft mit Artikeln, alten Briefen, Einkaufslisten. Aufs Geratewohl herausgegriffen, offenbaren sie lang vergessene Geheimnisse. Befreit von der Umklammerung ihrer Nachbarn, plustern sie sich auf mit Erinnerungen, die in ihrer Wirkung ebenso stark sind wie die Widmung des Autors oder der Person, die sie mir einst geschenkt hat. Sie führen ein Doppelleben, nähren sich von ihrer Geschichte und von der meinen.

Verleihen

Um es vorneweg zu sagen: Bücher zu verleihen ist ein Problem. Man muss das Buch von anstößigen Stellen befreien, den Umschlag abnehmen, Sand herausschütteln, es seiner gewohnten Umgebung, dem Regal, entreißen und es in die Fremde schicken.

Zwei Varianten des Verleihens lassen sich unterscheiden: das erbetene und das spontane.

Wer hat noch nie mit Argusaugen jenen neugierig suchenden Blick beobachtet, den Finger, der sich langsam an den Buchrücken entlangtastet, um plötzlich Halt zu machen? Da. Das Buch ist verurteilt. Man wird es nie wieder sehen. Das Herz schnürt sich einem zusammen. Nicht das. Bitte nicht an den, nicht an die, die geben doch nie wieder was zurück oder erst Gott weiß wann. Eines Tages habe ich zu lügen gewagt: »Tut mir Leid, das hat mir jemand geliehen.«

»Aber nein, es gehört dir. François hat eine Widmung hineingezeichnet.«

Mit hochrotem Kopf gab ich nach. Peng. Ich selbst habe ihm den Gnadenstoß verpasst.

Dann bleibt einem nur, das Buch mit unbewegter Miene herauszunehmen, es durchzublättern und von seinen armseligen kleinen Geheimnissen zu befreien. Sand rieselt heraus, ein Blütenblatt zerfällt, ein 500-Francs-Schein flattert davon. Toll. Aber die im Buch sonst noch versteckten Ersparnisse sind verloren. Und wie schaffe ich es, die bösen Bemerkungen auf der letzten Seite zu entfernen?

»Eine Sekunde, ich muss mir nur schnell ein Zitat rausschreiben.«

Todunglücklich ziehe ich mich zurück; mit seziermesserhafter Präzision trenne ich die letzte Seite heraus. Dieser Appendix, diese kleine zerknüllte Kugel aus Kummer wandert in den Mülleimer. Später am Abend werde ich sie wieder herausfischen, um sie woanders hinzustopfen, bevor ich sie nach der Gnadenfrist von nur einer Nacht für immer entsorge.

Oft ist das Buch auch jungfräulich, von jeder Spur unberührt. Ohne Amputation verleihbar. Doch deshalb nicht weniger verloren. Wenn man es nicht übermäßig gemocht hat, wird man es nicht noch einmal kaufen. Wenn man es aber wirklich geliebt hat und es gleich am nächsten Tag durch ein neues ersetzt, wird es lebendiger sein als zuvor. Doch zugleich leer und hohl. Ach! diese letzte Ausgabe von *Lob des Schattens*! In ihrem neuen Einband schreit sie förmlich danach, dass man das Buch noch einmal liest. Traurig wende ich meinen Blick von ihr ab. Wie sehr habe ich doch mein altes, zerlesenes Exemplar geliebt!

Spontanes Verleihen von Büchern ist noch deprimierender. Als Masochist ist man damit seines eigenen Unglückes Schmied. Dazu kommt der Nimbus der eigenen Großzügigkeit oder Schuldgefühle auf Grund von Selbstgefälligkeit: »Was, du hast *Schwarzes Blut* nicht gelesen?«

Abendessen mit Freunden bedeuten das Urteil über die Bücher des Gastgebers. Passt man nicht auf, geht die ganze Bibliothek dabei drauf. Sind die Gäste weg, quält mich beim Einräumen der Spülmaschine nur eines: Weniger, ob mein Freund mir das ausgeliehene Buch zurückgeben, sondern vielmehr, ob er es lieben wird. Gefällt es ihm, sind die Chancen groß, dass er es behält. Mag er es aber nicht, ist er dann ein wirklicher Freund? Kann er überhaupt ein Freund sein, wenn er *Schwarzes Blut* nicht mag? Tage, Wochen vergehen. Gut, immerhin, es ist ein dickes Buch. Vielleicht hätte ich ihm doch lieber *OK Joe* oder *Das Volkshaus* leihen sollen.

Oft ist das Gedächtnis so barmherzig zu vergessen, dass man ein Buch verliehen hat. Bis eines Abends derjenige, dem man es geliehen hatte, während eines Essens bei sich zu Hause zu einem seiner Gäste sagt: »Wie, du hast *Schwarzes Blut* nicht gelesen! Aber das ist ein Meisterwerk.« Dankbarkeit erfüllt mich. Und gleichzeitig beschleicht mich eine verrückte Hoffnung. »Ach! Es hat dir also gefallen. Ob du mir mein Exemplar dann wieder zurückgibst?«

»Mein Gott, stimmt, es war ja deins. Ich hab's Marie geliehen.«

Auf dem Nachhauseweg denke ich wieder an *Schwarzes Blut*, das ich vor dreißig Jahren gelesen und mittlerweile wieder halb vergessen habe, an Figuren wie Cripure, an seine monströsen Latschen, an die kleinen Hunde, die die *Chrestomathie* gefressen haben, an den Typen, der Briefmarken auf Teller klebt (nein, das geht gar nicht, bilde ich mir wahrscheinlich nur ein), an Louis Guilloux, seine weißen Haare à la Liszt, seinen schelmischen Blick, seinen gekrümmten Finger, mit dem er so bequem seine Pfeifen stopfen konnte, an sein Lieblingslied, das mit dem Satz endet: »Und die Binicats, diese wackeren Jungs, haben sie bis nach Jersey vertrieben.«

Was *Schwarzes Blut* angeht, ist es im Grunde nicht so schlimm. Ich besitze zwei Exemplare davon. Plus das von François. Plus das aus Bollène. Außerdem, vielleicht gibt Marie es mir ja wieder zurück. Oder leiht es jemand anderem. Die Hauptsache ist doch, dass sie Guilloux gemocht haben.

So ist der Lauf der Bücher.

Ausleihen

So wenig wie sie mir, kann ich denen widerstehen, die mir einen neuen Autor empfehlen. Ich speichere den Titel auf meiner Netzhaut, manchmal notiere ich ihn auch auf der Rückseite eines Umschlags, am liebsten jedoch in meinem Terminkalender. Doch hin und wieder kann ich mich nicht beherrschen und lasse die schicksalhafte Frage fallen: »Leihst du mir's mal?« Womit der Ärger beginnt. Denn ich füge dem anderen nicht nur die Qualen des Verleihens zu, sondern quäle mich selbst auch noch mit den Unannehmlichkeiten des Ausleihens.

Ein ausgeliehenes Buch ist etwas Heiliges. Das habe ich als Kind gelernt, als in einer Sommernacht das Haus, in dem wir wohnten, in Brand geriet. Meine Mutter gehörte zu den Letzten, die das Gebäude verließen; im Nachthemd kam sie heraus, ein Buch unter den Arm geklemmt. Ein ausgeliehenes Buch, das sie wie eine Wahnsinnige gesucht hatte, während unsere Nachbarinnen ihre Pelze übereinander stapelten und Wertsachen und Schmuck zusammentrugen, die meine Mutter ohnehin nicht besaß.

Ja, ein ausgeliehenes Buch ist heilig. Allein es aufzuschlagen kommt einer Entweihung gleich. Man steckt es ein, hält die Tasche, in der es liegt, krampfhaft fest, wie eine Internatsschülerin, die ihre erste monatliche Überweisung erhalten hat. Verlust, Diebstahl gar, wären mehr als eine Katastrophe: eine Schande. Zu Hause legt man es dann auf den gesonderten Stapel, den Stapel Vorwurf, den Stapel Dringendes. Wenn man verreisen muss, vertraut man es nicht etwa dem Kofferraum des Autos oder dem Laderaum des Flugzeugs an, sondern stopft es ins Handgepäck, das ohnehin schon schwer wie Blei ist. Anstatt es unter den Büchern in Warteposition dekantieren zu lassen, muss man es mit einem Schluck austrinken, regelrecht hinunterstürzen. Aus einem Pflichtgefühl heraus beschützt man es, packt es in Watte. Man würde nicht zögern, die ganze Stadt zu durchqueren, um es aus einem Café zu retten, wo man es hatte liegen lassen. Zaghaft schlägt man es auf, aus Angst, seinen Rücken zu knicken. Daher später der Eindruck, dass man nur die linke Hälfte der geraden Seiten und die rechte Hälfte der ungeraden Seiten gelesen hat. Kein Wunder, dass ich mich nur schwach an *Ducdame* von Powys erinnere, das Jean-Robert mir geliehen hatte, als es noch neu war.

Unmöglich, es aufgeschlagen neben dem Bett abzulegen, wenn der Schlaf mich übermannt. Unmöglich, es beim Frühstück wieder zur Hand zu nehmen, zu groß ist die Angst, es mit Kaffee zu bekleckern. Unmöglich, es richtig zuzuschlagen, denn vielleicht würde ich dabei eine kleine Mücke erwischen, die einen ärgerlichen bräunlichen Fleck darauf hinterließe.

Warum nur habe ich es nicht gekauft? Zumal es gut ist. Ich möchte es gern behalten, um es später nochmal zu lesen. Ach was, ich werde es doch kaufen. Aber wie wird das dann aussehen? Gelesen, und doch kein einziges Mal aufgeschlagen! Am liebsten würde ich das ausgeliehene Exemplar behalten und das neu gekaufte zurückgeben. Doch leider ist derjenige, der es mir geliehen hat, aus dem gleichen Holz geschnitzt wie ich. Er liebt genau das Exemplar, das jetzt ein wenig meines geworden ist. Obwohl, nicht ganz. Die Erinnerung an diese nur oberflächliche Lektüre hat das Vergnügen daran verwässert. Die Lust, es zu kaufen, ist mir fast vergangen.

Bevor ich es zurückgebe, unterziehe ich es einer genauen Inspektion. Ich streife die Buchhülle aus Zellophan ab. Oh je, ist dieser Riss von mir? Ausgeschlossen, er war einfach nur verdeckt. Dann methodisches Durchblättern. Ich puste die Tabakkrümel weg. Wo kommt denn dieser Bleistiftstrich her? Daran wenigstens bin ich nicht schuld. Soll ich ihn wegradieren? Ja. Nein: Er ist wahrscheinlich mit Absicht drin. Und dieser Fettfleck, wie furchtbar! Ach ja, er war mir aufgefallen, war also schon vorher da. Immerhin, ein bisschen Erde aus Sommières. Kurz, generelle Restauration: abstauben, ganz vorsichtiges Wegradieren, Glätten, Leimen. Das heißt eine Dreiviertelstunde arbeiten wie ein Benediktinermönch (allein das Auftragen des Klebstoffs nimmt fünf Minuten in Anspruch), mit dem Risiko obendrein, die vom Besitzer geliebten Spuren zu verwischen, Spuren, die ihm vieles in Erinnerung rufen ... die mit der ersten Lektüre verbundenen Orte, Gerüche, Jahreszeiten und Menschen. Wie man es auch nimmt, wer ein Buch ausleiht, ist immer ein Schmutzfink.

Und die Bibliotheken erst, diese institutionellen Verleiher! Sie nehmen denen, die bei ihnen ausleihen, die Angst, die Bücher zu vergewaltigen. Bücher in Bibliotheken kommen mir vor wie registrierte Huren, die ihre Freier am Fließband abfertigen. Und die Leser wie Fetischisten, die in der andächtigen Atmosphäre der einzelnen Abteilungen wie besessen ihre Auswahl treffen, die sie dann, herumhurend wie in einem Provinzbordell, unter den Augen der »Herumsitzenden« konsumieren. Arme Bibliothekare! Wie haben sie sich verändert, seit ihnen Rimbaud seine heftigen Vorwürfe entgegengeschmettert hat. Ihr heutiges Gejammer hat allerdings weniger damit zu tun, dass Gymnasiasten das Werk von Restif de la Bretonne verlangen, als vielmehr mit der traurigen Tatsache, dass viele angehende Abiturienten nicht einmal mehr wissen, wer das ist. Übrigens, laut »Libération« sind heute nicht mehr die »Herumsitzenden« die größten Störfaktoren in den Bibliotheken, sondern die »Herumstehenden«, die lesend vor den Regalen lungern und anderen den Durchgang versperren.

Öffentliche Bibliotheken

Ich weiß sehr wohl, dass mein Abscheu vor Bibliotheken nach der Arroganz der Besitzenden stinkt, die ihre Privilegien verteidigen: Elitäre, die auf die Vergnügungen der anderen verächtlich herabblicken, Eigentümer, die ihren kümmerlichen Besitz der kollektiven Pracht vorziehen, kleinbürgerliche, eifersüchtige und sauertöpfische Ehefrauen, die auf freie Liebe und In-Lokale spucken. Igitt. Nein, eine Bibliothek ist kein Bordell. Sie ist das genaue Gegenteil davon. Der Eintritt ist frei, die Bücher stehen nicht zum Verkauf. Sie werden ausgeliehen. Ein intelligentes, demokratisches, nützliches, großzügiges, bequemes, wirtschaftlich sinnvolles Prinzip. Und dennoch nichts für mich.

Ihm liegt die Einstellung zu Grunde, dass die Anhäufung von Büchern zu Hause etwas Anstößiges hat. Selbst wenn man sie liebt, lässt man sie auf den Regalen schlafen. Erst die Einordnung eines neuen Romans von Grainville entstaubt ein bisschen Gautier oder Green, deren Regal schon ein paar Monate weder von mir noch von der Putzfrau besucht wurde. Und die bereits gelesenen, aber noch nicht eingeordneten Bücher schwanken in unstabilen Stapeln und warten darauf, vor dem Einordnen aussortiert zu werden. Bedauerlich, bereits halb tot. Ebenso wie die, die darauf warten, dass man sie liest, die seit Wochen, Monaten, Jahren aufeinander getürmt daliegen und bei diesem langsamen Purgatorium trocken und mürbe geworden sind; in periodischen Abständen lassen heftige Staubsaugerbewegungen sie zusammenfallen, an Ort und Stelle werden sie wieder aufgehoben und Rücken an Rücken wie steife, uneinnehmbare, entmutigende Festungen nebeneinander gestellt.

Was man auch tun mag, die Bücher rühren sich nicht, während in einer öffentlichen Bibliothek ein ständiges Kommen und Gehen herrscht, ein unablässiges Hin und Her. Aussortiert, eingeordnet, etikettiert, in ein Verzeichnis aufgenommen, ausgeliehen und wieder zurückgegeben, erwartet und begehrt, gehen sie von Hand zu Hand, setzen Patina an, nutzen sich ab, werden mürbe, bekommen eine Schutzhülle, landen in der Restaurierwerkstatt, kommen wieder in Umlauf, hundertmal zusammengefügt, geklebt, geleimt, in Leinen gebunden, mit Tesafilm zusammengehalten, mit neuem Einband versehen, bis sie endgültig ausrangiert werden. Wiederverwertet von Lumpensammlern und Clochards. Auf dem Flohmarkt in Vanves habe ich die *Gedanken* von Pascal aus der Bibliothek von Romorantin gefunden, bei den Emmausbrüdern in Saint-Brieuc die *Reise in Italien* von Taine aus dem Gymnasium von Brive-la-Gaillarde, beim Trödler in Senlis das Deutsch-Französische Wörterbuch aus der Bibliothek des Betriebsrats von Citroën, bei einem Bouquinisten am Quai Conti eine völlig zerfallene Bibel aus dem katholischen Internat von Puy. Bücher, die wandern, ohne Unterlass, ruhelos, die dem Tod geweiht sind und wiederauferstehen. Die eine Pause in meiner Bibliothek einlegen, um dann irgendwann aufs Neue weggegeben, verstreut, verkauft zu werden, um weiß Gott wo zu landen.

Bevor ich meinen großen Schreibtisch in der Rue Guénégaud gegen einen kleinen in der Rue Jacob eintauschte, musste ich meine Bücher aussortieren: Presseexemplare, Arbeitsexemplare, Belegexemplare, nicht mehr brauchbare Werke aus dem Handapparat. Schließlich standen zehn Kisten vor mir. Ich konnte mich nicht entschließen, diese Bücher einstampfen zu lassen, noch weniger, wie es die meisten tun, sie in ein Krankenhaus oder ein Gefängnis zu bringen. Als ich am selben Abend zufällig mit einer Bibliothekarin aus Saint-Ouen zu Abend aß, gestand sie mir, ihr Budget sei so schmal, dass sie alles nehme. Auch zerlesene Taschenbücher, Exemplare, die mit Korrekturen und Briefklammern übersät sind, veraltete Essays, unvollständige Serien? Ja. Alles. Ein städtischer Angestellter kam vorbei. Niemand halst sich gerne Bücherkartons auf. Die sind verdammt schwer. Aber der da musste ein regelmäßiger Bibliotheksbesucher sein. Er strahlte. Und ich auch.

Gefräßige Leser sind fleißige Besucher aller Arten von Bibliotheken. Eine Frage des Geldes und der Platzverhältnisse. Wenn man bis zu sieben Bücher pro Woche liest, muss man entweder ein gut situierter Generaldirektor mit entsprechender Villa sein oder in einem Verlag arbeiten – der Kost in Form von Presseexemplaren und Kollegenrabatt bietet, doch leider nicht Logis –, oder aber sich einen Bibliotheksausweis besorgen. Oder in immer größere Wohnungen in immer ärmeren Vierteln, schließlich in einen Vorort umziehen. Und genau das haben wir getan.

Die guten ins Töpfchen, die schlechten ...

Umziehen, das heißt notgedrungen aussortieren, einräumen, wegwerfen. Nur um am Ende festzustellen, dass man gar keine andere Wohnung hätte suchen müssen, wenn man sich schon früher zu diesen Opfern bereit gefunden hätte.

Was für eine Erleichterung, angeschlagenes Geschirr zu entsorgen oder alte Pullover, die nicht einmal mehr zum Schuheputzen taugen. Welche Wonne, sich von fünf der sieben Gemüseschäler zu trennen, vom altertümlichen Handmixer, vom Aktenordner mit den Steuererklärungen 1965–1985. Aber Bücher wegzuwerfen zerreißt mir genauso das Herz, wie Liebesbriefe oder ein Schulheft meiner Großmutter zu verbrennen.

Bevor man endgültig eines wegwirft, trickst man herum, paktiert, verhandelt mit sich selbst. Man sortiert dreißig aus, nimmt zwölf wieder zurück, legt zwei erneut auf den Stapel mit den Aussortierten. Man geht einkaufen. Wieder zurück, rettet man fünf Bücher von Pelt über Pflanzen, weil man beim Kauf eines Eissalats daran denken musste. Man bereitet das Abendessen vor. Es gibt in Knoblauch marinierten Braten und Mangold in Béchamelsauce. Warum Béchamelsauce? Ich bin dem nie nachgegangen. Gut. Mal sehen, was *Kochen für jeden leicht gemacht* dazu sagt. Im Regal mit den Koch- und Küchenbüchern, über den Tellern und unter den Gläsern, zwischen Toklas und dem unübertrefflichen *Kochen im Radio* von Pomiane, neben der *Provenzalischen Küche* von Reboul, der kompletten Sammlung von »Messer in der Wunde«, dem vergnüglichen Band *Die Küche der Ethnologen* und strengeren (prosaischeren) Werken mit Graphiken, die das Tranchieren einer Lammkeule auf englische oder französische Art demonstrieren, steht der Mathiot, ein kleines billiges Taschenbuch, zerfleddert, fettig, mit Mehl bestäubt und sogar mit einer von der Flamme des Gasherds angebrannten Ecke. Sieht ganz traurig aus. Na gut, hopp! in den Abfalleimer. Man lässt die Béchamelsauce Béchamelsauce sein und rennt zum Karton mit den zur Entsorgung verurteilten Büchern. Ein wirklich weggeworfenes Buch – zwei gerettete Bücher. So lautet die Regel.

Man isst zu Abend, trödelt ein bisschen herum. Schmeckt gut, in Butter geschwenkter Mangold. Aber ich habe doch Gewissensbisse wegen des Mathiot. *Die Rougon-Macquart* hingegen, die seit zwei Jahren in François' vor Überschwemmungen geschütztem Keller vor sich hindämmern und wie Briketts aussehen, bei denen empfinde ich keinerlei Bedauern: Ich werfe sie weg. Werde sie als Pléiade-Ausgabe neu kaufen: vierzig Zentimeter Taschenbuch gegen zehn Zentimeter Pléiade, das macht dreißig gewonnene Zentimeter oder zehn bis sechzehn Bücher. Hurra! Das Gleiche gilt für Colette: Ich behalte nur die Titel, die bei Ferenczi und Fayard erschienen sind, mit ihren Originalholzschnitten und ornamentierten Schlussvignetten. Was Colette betrifft, okay, aber Zola? Immerhin weiß ich noch, wie viele Stunden ich mit der Lektüre der *Rougon-Macquart* Band für Band in der wie ausgestorben wirkenden Agentur der Architekten Laum et Daurent zugebracht habe. Selbst Luc, der darüber seine Doktorarbeit schrieb, konnte mir auf diesem Gebiet nicht das Wasser reichen. Und außerdem mag ich die Pléiade nicht. Also Zola in der Sammlung Bouquins. Gut, einverstanden, aber immerhin, vierzig Zentimeter Erinnerungen gegen zehn Zentimeter trockenen Text! Auf diese Weise werde ich Laum et Daurent vergessen und Luc auch. Die ganze Nacht wälze ich den Handel in meinem Kopf herum.

Nach dem endgültigen Aussortieren war die Sache eigentlich ganz einfach. In der Rue Barrault bot ich Nina oder Monique an, sich zu bedienen, den Rest stellte ich in Obstkisten vor der Toyota-Werkstatt ab. Zehn Minuten später war alles weg. In Ivry das Gleiche: Ich hinterließ die Kartons bei den Abfallcontainern, auf dem Behälter für Kleinholz, neben dem für Papierabfälle. So konnte sich jeder bedienen. Als am Ende der Woche nicht alles verschwunden war, stellte ich den Rest auf die Mülleimer an der Straße. Was dort steht, geht garantiert weg. Trotzdem: Die Beseitigung von Büchern ist keine leichte Aufgabe. Selbst von einem schlechten Roman sich zu trennen fällt schwer.

Ich war niemals fähig, ein Buch zu verkaufen. Doch, ein einziges Mal. Und noch dazu im Rahmen eines Kollektivs. *Politique-Hebdo* hatte zum soundsovielten Mal Konkurs gemacht, und selbst die Kollegen, die völlig abgebrannt waren, hatten auf Urlaub, Abfindungen usw. verzichtet. Daraufhin beschloss die Kulturredaktion, alle Rezensionsexemplare an einen Bouquinisten zu verkaufen und das Geld auf alle zu verteilen. Es reichte gerade für ein Abendessen.

An jenem Abend hat uns das Buch Nahrung gegeben, im wörtlichen wie im übertragenen Sinne.

Herumstöbern

Ich werfe Bücher weg, rette aber genauso viele vor der Vernichtung. Und mache die Feststellung, dass andere beim Entsorgen von Büchern ebenso bedächtig vorgehen wie ich: Sie trennen sich von Büchern zu einst aktuellen Themen, die mittlerweile veraltet sind, von langweiligen Ausstellungskatalogen, vom Michelin-Führer anno 1973, von der leninistischen Bibliothek. Und doch gibt es immer wieder schöne Überraschungen. Zum Beispiel fielen mir beim Stöbern die *Benimmregeln für junge Mädchen – Grundkurs*, 2. sorgfältig durchgesehene Ausgabe von 1924, in die Hände, die tausendfach dafür entschädigten, dass ich all meine Lehrbücher von Mallet und Isaac 1969 bei einem Umzug weggegeben hatte (ich dumme Gans!). Ich fand den *Palio der toten Reiter*, den ich schon weggeworfen hatte, und nahm ihn wieder an mich: Das Buch mag seine Schwächen haben, ist aber das Beste, was je über Siena geschrieben wurde. Ich machte den *Orchideenjäger* ausfindig, der meine Kindheit verzaubert hat, und entdeckte *Far West* von Washington Irving, von dem ich nur *Alhambra oder Das neue Skizzenbuch* kannte. Das tröstet mich darüber hinweg, bei dem blöden Umzug von 1969 die Sammlung der von meinem Großvater eigenhändig gebundenen Beilagen von »L'Illustration« und die so poetischen Bücher von Camille Flammarion, die Jacques mir geschenkt hatte, mit ihren Illustrationen von Nebellandschaften und Nordlichtern, verscheuert zu haben.

Das Stochern in Abfalleimern bringt häufig noch überraschendere Bücherfunde zu Tage als das Herumstöbern in Trödelläden oder bei Bouquinisten mit ihren penibel klassifizierten Kisten. Ein *Handbuch für Elektrizität* liegt dort einträchtig neben den *Bekenntnissen eines jungen Zeitgenossen, Poil de Carotte* leistet dem Strafgesetzbuch und der Partitur von *La Cenerentola* Gesellschaft.

An Gattungszugehörigkeit, Titel und Zustand der gefundenen Exemplare lässt sich nicht zuletzt die Geschichte ihrer Entsorgung ablesen. Oder vielmehr zusammenreimen. Die Mathematikbücher hier mit ihren auf Grund der Feuchtigkeit aneinander klebenden Seiten stammen bestimmt aus dem Keller des alten Gebäudes da drüben: Ein Vater hat wahrscheinlich gemerkt, dass seine Blagen ihm, weil Methoden und Lerninhalte sich inzwischen verändert haben, mit ihrem Wissen um Längen voraus sind. Als das Maß seiner Verbitterung voll war, warf er die Sammlung »Gegenwart der Zukunft« ein für allemal weg.

Die Erinnerung an die wunderbaren Bücher von Bradbury beschwört ein Stück meiner Jugend herauf. Sofort muss ich an den *Illustrierten Mann* denken, an *Flowers for Algernon* von Daniel Keyes, an Ambrose Bierce (heute noch streite ich mich mit meinem Bruder darüber, ob er mir die *Lügengeschichten* wirklich zurückgegeben hat). Und diese Kiste hier, bis obenhin voll mit feministischen Streitschriften: Eine Fünfzigjährige hat vermutlich nach zwanzig Jahren wilder Ehe beschlossen zu heiraten. Dieser Stapel Tintin und Jules Verne: Einer, der gerne herumbastelt, hat seiner Kindheit abgeschworen, um Platz für eine Werkbank zu schaffen. Pierre Benoît, Henri de Monfreid, Agatha Christie, »Handarbeiten«-Nummern: Eine alte Dame wird kürzlich gestorben sein. *Der Heilige Gral*, *Die Intellektuellen im Mittelalter*: Ein junger Mediävist ist wahrscheinlich von seiner Geliebten vor die Tür gesetzt worden, zusammen mit einem Hemd, einem Rollkragenpullover und dem mit Rasierschaum verkrusteten Rasierapparat. Der Karton mit fast noch druckfrischen Titeln vor der Tür dieses Einfamilienhauses beweist, dass man hier für Neuerscheinungen nichts übrig hat. Wiederkommen.

Wie viele Geschichten auch zwischen den Seiten: ein hingekritzelter Name, eine Eintrittskarte fürs Kino, die Garantie für eine Armbanduhr, eine bunte Ansichtskarte, ein ungewöhnliches Exlibris, eine Einladung zu einer Vernissage, ein Zeitungsausschnitt, eine Reklame für Kekse, eine lose Widmung, ein Kassenzettel vom Supermarkt. Wie beredt sie sind, diese Bücher von der Straßenecke! Antiquarische Bücher hingegen bleiben stumm, weil man sie von allem, was man anderweitig noch verkaufen könnte, gesäubert hat: Karten landen auf dem einen Stapel, Einladungen auf dem andern, Reklamezettel auf einem dritten, der Rest wandert in den Papierkorb.

In Wirklichkeit sprechen nur die aus Ärger, Verdruss, Wut oder infolge höherer Gewalt weggeworfenen Bücher eine eigene Sprache. Alle anderen hat man sorgfältig von ihrer Geschichte befreit: den Namen des Besitzers unleserlich gemacht, die Widmung herausgerissen (damit ihr gedemütigter Verfasser niemanden verfluchen kann, wenn er bei einem Bouquinisten auf dieses Buch stoßen sollte), die Garantie, die Postkarte, den alten Reklamezettel auf die Seite gelegt. Nur die Busfahrkarte hat man drin liegen lassen, um doch ein kleines bisschen Geschichte zu bewahren.

Geschenke

Jeder von uns weiß, es sind immer die Besten, die dahingehen. Mich wundert, dass ich in meiner Bibliothek überhaupt noch gute Bücher finde. Gerade so, als würde ich mit Lob über sie geizen.

Viel lieber als eine klaffende Lücke im Regal oder, schlimmer noch, ein neues Buch mit protzigem Umschlag zu ertragen, der zu den andern wie die Faust aufs Auge passt, viel lieber als Bücher zu verleihen oder sie mir wegnehmen zu lassen, verschenke ich sie.

Ungelogen, es war der Roman *Hundert Jahre Einsamkeit*, der meine berufliche Karriere beim Verlag Le Seuil entschied. Pruniflette hatte ihn mir geliehen. Wie Kinder es mit Lutschern zu tun pflegen, dehnte ich die Lektüre während einer Woche Urlaub in der Bretagne genießerisch aus. Danach wagte ich nicht, das Buch zurückzugeben, so vollgesogen war es mit Sand und Salz, zudem wellig geworden vom Meerwasser, das mir nach dem Schwimmen aus den Haaren getropft war. Sie war einverstanden, dass ich es durch ein neues Exemplar ersetzte, hatte mir also jenes unvergleichliche, einzigartige Vergnügen der ersten Lektüre gegönnt. Undenkbar, dass ich mich je von diesem Exemplar trennen würde. Ich ging sogar so weit, es an einem sicheren Ort zu verwahren, um mich vor der Versuchung zu schützen, es jemandem zu leihen. Und ich wollte es nicht noch einmal lesen. Zu viel Bammel. Vielleicht in dreißig Jahren.

Tausendmal habe ich es verschenkt. All mein Geld ging dabei drauf. Sodass ich, als man mir bei Le Seuil für ein miserables Gehalt, aber mit vierzig Prozent Rabatt für Seuil-Titel (und fünfunddreißig Prozent Kollegenrabatt für Bücher anderer Verlage) eine Stelle als Schreibkraft anbot, schnell überschlug, dass ich damit nicht nur Geld verdienen, sondern auch noch sparen würde. Milchmädchenrechnung. Der Kauf von Büchern folgt anderen Mechanismen: Als ich einmal bei Vagenende zu Mittag aß, was damals sehr wenig, eigentlich fast nichts kostete, und mein Tischnachbar gestand, er habe Márquez nicht gelesen, rannte ich zur Buchhandlung Divan, um es ihm beim Dessert zu schenken.

Ich bin bei Seuil geblieben. Und genau das ist ein Problem. Wenn ich ein Buch verschenke, glaubt jeder, es handle sich um ein Rezensionsexemplar oder eines, wofür ich Kollegenrabatt bekommen habe. Auch der Stempel einer Buchhandlung ändert daran nichts: Es wirkt immer wie ein Geschenk, das unter Wert erworben wurde. Dabei hätte mich allein *Die Erfahrung der Welt* von Nicolas Bouvier schon ruiniert, wenn ich es nicht in Zehnerpartien bei La Découverte bestellt hätte. Idem *Herr Palomar* von Calvino. Ich bin beim Verschenken von Büchern demzufolge eher zurückhaltend, verschenke sie niemals zu Festen, Geburtstagen, Weihnachten usw. Lediglich nach Essenseinladungen, bei denen ausgiebig über Bücher diskutiert wurde, damit die beschenkte Person »nicht abkühlt«. Ein einziges Mal nur habe ich eine Ausnahme gemacht, als ich dem Sohn von Catherine zu seiner Erstkommunion sieben Bücher schenkte, die ich selbst am meisten liebe, darunter *Ist das ein Mensch?*. In seinem Alter musste er es für eine Pornoschrift halten.

Dabei ärgere ich mich über mich selbst. Ich verspreche mehr, als ich halte. Und ich weiß auch, warum: Seltsamerweise mag ich es nicht, wenn man mir Bücher schenkt. Nur François darf das, der mir zum Beispiel die Biographie von Carson McCullers überreicht hat, obwohl er weiß, wie wenig mich Biographien interessieren, die im Leben anderer herumwühlen und alles genau unter die Lupe nehmen. Das Lesen einer Biographie erfüllt mich mit Abscheu, gestern Conrad, heute Simenon. Ich ertrage diese Gattung nur, auf literarischem Gebiet wohlgemerkt, wenn es um Schriftsteller geht, die ich überhaupt nicht mag. Denn immer finde ich etwas, was meiner Abneigung Nahrung gibt. Aber wozu diese Abneigung überhaupt, wenn man im Leben nicht einmal genug Zeit hat, um die Autoren zu lesen, die man liebt?

Kaufen

Verschenken bedeutet zunächst einmal kaufen. Das heißt, in eine Buchhandlung zu gehen. Eine kleine, ja geradezu winzige. Ich verfahre nach einer ausgeklügelten Strategie, wie Arme, die ihre Schulden geschickt auf alle Händler eines Viertels verteilen.

Ich gehe nur hin, wenn ich genau weiß, was ich will. Doch selbst dann komme ich mit mindestens drei Büchern wieder heraus. Wie ein Bulimiker, der die Auslagen von Konditoreien meidet, müsste ich mich eigentlich von den Schaufenstern der Buchhandlungen abwenden, um den sich bei ihrem Anblick unwillkürlich einstellenden Heißhunger zu unterdrücken, den zwanghaften Kauf zu verhindern, der den riesigen schwankenden Stapel ungelesener Bücher neben meinem Bett vergrößern würde: Mit Sicherheit werden sich die Werke irgendwann rächen, indem sie, während ich schlafe, auf mich herunterstürzen.

Am schlimmsten ist für mich der jährlich stattfindende Salon du Livre. Diese Tausende und Abertausende toter oder noch lebender Autoren, diese Millionen Bücher, die ich alle nicht gelesen habe. Beim bloßen Anblick wird mir schlecht. Ich komme mir vor wie eine Vegetarierin, die sich in einen Fleischwarengroßhandel oder eine Hühnerfarm mit Legebatterien verirrt hat. Nicht, dass ich keinen Appetit hätte, aber diese Zurschaustellung von Bücher-Fressalien widert mich an. Jedesmal, wenn ich die Hallen verlasse, weine ich heiße Tränen.

Also eile ich zu einem meiner Stammbuchhändler, stürze zum richtigen Regal beziehungsweise zum Tisch mit den Neuerscheinungen, laufe rasch zur Kasse. Zu spät. Im Vorbeigehen habe ich die *Briefe der Liselotte von der Pfalz* erspäht. Und dann, direkt neben der Kasse, *Nur eine Nacht* von Vivant-Denon, dessen erste Seite eine unübertroffene Übung im Konjugieren darstellt (zum Verschenken). Ich kaufe. Gehe schnell wieder. Uff, ich hab's geschafft, mit nur drei Büchern rauszukommen, von denen zwei ganz dünn sind. Der ungelesene Stapel wird mich verschonen.

Manchmal nimmt der Vorgang dramatische Züge an: Der Buchhändler hat das ersehnte Buch nicht vorrätig. »*Middlemarch*? Seit der Autor nicht mehr von Bourgeois verlegt wird, habe ich Probleme damit. Versuchen Sie's doch mal bei La Hune.«

Im Vorübergehen nehme ich für meinen Bruder das Büchlein von Hélène Bamberger mit. Bei La Hune haben sie *Middlemarch* natürlich, das der Verlag Omnibus mit zwei anderen Titeln in einem Band versammelt hat. Doch mein Appetit auf George Eliot ist noch nicht so groß, dass ich drei seiner Romane verschlingen würde. Ich verzichte. Zum Trost rede ich mir ein, dass ein neuer Jim Harrisson herausgekommen ist. Nein, doch nicht. Faulpelz! Frustriert ziehe ich von dannen. Zum Balzar, wo ich auf François warte. Da sehe ich, dass die Buchhandlung Compagnie noch geöffnet hat: Ein Wink des Schicksals – jetzt darf ich *Middlemarch* doch kaufen. Ich springe hin. Soll mich der Stapel doch erschlagen. Catherine, die es mir wärmstens empfohlen hat, wird sich freuen.

Wie sehr beneide ich François, der ganz ruhig, ohne jede Hektik von Regal zu Regal flanieren kann, Armelle, die sich von der Begeisterung ihres Buchhändlers anstecken lässt, während ich mich geradezu störrisch gebe, als würde ich bedroht, dabei zum soundsovielten Mal *Les Athlètes dans leur tête* von Fournel kaufe (von dem schon drei Exemplare in meiner Geschenkschublade liegen. Seit ich mal zu wenig hatte, horte ich sie.) Und ich überschlage: eines für die Tochter von Léon-Maurice, die Sportjournalistin werden will, ohne dieses Wunderwerk gelesen zu haben, eines für Rino, den Chef des Restaurants Appennino, der jeden Sonntag seine hundert Kilometer radelt; Dutzende für Leute, die überhaupt keinen Grund haben, es zu lesen, aber alle Gründe dieser Welt, es zu lieben.

Komisch, wenn ich so darüber nachdenke, kaufe ich mehr die gleichen Bücher, als dass ich neue, andere hinzukaufe.

An meiner besessenen Haltung trifft die Buchhändler keinerlei Schuld: Sie sind genau wie ich. Mal mürrisch, mal freundlich, mal barsch, mal aufmerksam, mal blasiert, mal engstirnig, mal eklektisch, mal verfügbar, mal in Eile – und oft auch alles zusammen. Doch gleichviel, ob freundlich oder eisig, ihre Laune ist mir egal. Ich passe mich an und sie ebenfalls. Das Bindeglied zwischen uns ist das Buch.

Umschläge

Für meine Lesegeneration war der allmähliche Übergang zum Erwachsenenalter dadurch gekennzeichnet, dass die illustrierten Einbände abrupt von strengen, schmucklosen Schrifttiteln abgelöst wurden. Lediglich die ersten Taschenbücher mit ihren knalligen Umschlägen verstießen gegen diese Initiationserfahrung. Inzwischen ordne ich sie eher der Kategorie Schokoladentäfelchen, Lakritzrollen oder Tubenmilch von Nestlé zu: scheußlich, aber unvergesslich.

Bis auf diese (bemerkenswerte) Ausnahme habe ich also lange, friedliche Jahre erlebt, in denen die Haut und das Fleisch der Bücher, zumindest was die wirkliche Literatur angeht, aus denselben Materialien beschaffen waren: Papier und Schrift. Ob »Collection blanche«, »Cabinet cosmopolite« oder »Cadre rouge« … die Verlage Gallimard, Stock, Le Seuil und andere hatten sich einer »Uniform« verschrieben.

Hinter dem unveränderlichen Layout, das aus Titel, Namen des Autors oder der Autorin und höchstens noch ein, zwei beschreibenden Sätzen aus dem Waschzettel bestand, durfte man getrost seinen Träumen nachhängen.

Den ersten Schlag versetzte mir der Verlag Stock, indem er sein »Cabinet cosmopolite«, dessen schöner, schmucklos nüchterner Einband beim Älterwerden so anmutig verblasste, mit einem abscheulichen erdbeermilchfarbenen Cover versah. Es tat so weh, dass ich, da ich mich schämte, diese neue rosa Bibliothek in der Metro zur Schau zu stellen, die Bücher umhüllte: mit Seiten aus Zeitschriften, mit wiederverwendetem Geschenkpapier oder Gemüsetüten aus Kraftpapier, auf denen Obstkörbe oder ein Gemüsebeet prangten (die Verpackung musste nützlich sein). Mit dieser Maßnahme knüpfte ich weniger an meine Schulzeit an, in der wir zu Beginn eines jeden Schuljahres unsere Bücher in blaues Papier einbanden, als an die alte Gewohnheit meiner Tante Zézé, die ihren sämtlichen Büchern geprägte Tapetenreste überstreifte. Jules Romains war in das Motiv des Salons in der ersten Etage gehüllt, Verlaine in die Girlanden des Zimmers von Großmama. Zu alledem war sechzig Jahre später die Tinte von Zézés eckiger gotischer Schrift am Rücken verblasst, sodass man Paulhan herauszog, wenn man eigentlich Pourrat hatte haben wollen. Diesem Suchen aufs Geratewohl verdanke ich herrliche Überraschungen.

Während das »Cabinet rose« immer alberner wurde, verfielen die Verleger, selbst die ehrwürdigsten unter ihnen, zunächst noch diskret, dann immer offener, auf Werbemethoden, wie man sie bis dahin nur von so genannten populären Verlagen gewohnt war.

Der bebilderte Einband wäre jedoch nichts gewesen ohne seine natürliche Ergänzung, den transparenten Überzug, der sich bei der ersten Berührung mit Hitze löste, sodass man ihn, hin und her gerissen zwischen Wonne und Schmerz, wie die Haut nach einem Sonnenbrand abschälen konnte. Die transparente Schicht gab sanft nach und ließ sich in ganzen Streifen abziehen, bis zu dem unvermeidlichen Moment, in dem man sie einfach herunterriss und dabei unwillkürlich ein »fffff« zwischen den Zähnen ausstieß.

Schutzumschläge hingegen mag ich, natürlich. Sie hüllen das Buch locker ein, schmiegen sich nicht eng an seinen Körper und sind glatt und rutschig. Ich mag sie, denn ich werfe sie weg. Ohne sie gewinnt das Buch seine Wahrheit zurück, seine unschuldige, ursprüngliche Einfachheit.

Nur eine Form der Illustration findet Gnade vor meinen Augen: Holzschnitte, direkt auf das Papier gedruckt, denn ihre raue Technik ist weniger geschwätzig, neigt zur Ellipse.

Außerdem ist mein Bruder Graveur. Aber davon abgesehen macht mich die schönste Fotografie, das hübscheste Detail aus einem Gemälde wütend. Manche Umschläge wecken so viel Abscheu in mir, dass ich ihretwegen vom Kauf des so heiß begehrten Buches absehe. Ich ertappe mich zuweilen dabei, dass ich mitten in der Lektüre Text und Umschlag miteinander vergleiche. Oder Text und Foto des Autors, der Autorin. Auch die Fotos ärgern mich oft. Er passt nicht zu Stil und Inhalt des Buches, dieser Autor. Ich hatte ihn mir bartlos und hager vorgestellt. Doch er trägt einen Bart und ist füllig. Und bei dieser Autorin hatte ich eine stolze, etwas bäuerlich wirkende Frau vor Augen, dabei ist sie eine affige Ziege.

Gerüche

Schon als Kind bestand mein erster Reflex beim Lesen darin, die Nase mitten in das geöffnete Buch zu tauchen. Sinnliche Lust an neuen Schulbüchern. Ihr Glanzpapier kühlte mir die Wangen, während der Duft nach bitteren Mandeln, der ihnen entstieg, mich zutiefst aufwühlte. Der feine, ein wenig an Pfeffer erinnernde Geruch meiner *Erzählungen und Legenden der griechischen und barbarischen Welt*, mit Papier, so samtig wie die Haut eines Pfirsichs.

Bücher verströmen einen guten oder einen schlechten Geruch. Ein Spanien-Reiseführer verdarb uns die Wohlgerüche der Alhambra so sehr, dass wir ihn schließlich im Kofferraum in Quarantäne legten. Doch selbst ein langer Aufenthalt neben Benzin- und Ölkanister samt zahlreichen Erfahrungen mit den Strahlen der wohltuenden Sonne sowie mit jodhaltigem Sprühwasser und mit Räucherstäbchen zeigten keinerlei Wirkung. Heute werden seine teuflischen Ausdünstungen zwar vom Druck anderer, auf ihm liegender Reiseführer erstickt, doch man braucht ihn nur herauszuziehen und zu öffnen, schon nehmen einem die Reste des Fischleims fast den Atem. Sie schaffen es, jede Neugier im Keim zu ersticken. Da bleibt einem nur, mit einem heftigen Knall den Deckel über dieser Kloake wieder zu schließen.

Der schlechte Geruch eines Buches wird ihm immer unverändert anhaften. Ein guter Geruch hingegen verfeinert, verändert sich. Bücher bewahren stets etwas von ihrem ursprünglichen Wesen und werden mit neuen Aromen angereichert, die mit der Zeit vergehen, um einen ganz feinen, matten, sehr trockenen Puderduft anzunehmen.

Papier, Tinte, Leim: Diese Geruchsalchemie zu entschlüsseln, wäre nicht schwer. Aber welche Ironie, wenn ein Leser sich in eine »Nase« verwandelt! Sein Wissen, sein Vergnügen sind ganz und gar empirischer, spielerischer Natur. Eines Tages lag ich in der korsischen Macchia auf der Lauer und schnupperte in ganz kleinen Zügen, um einen Duft zu isolieren … aber welchen? Da, ich hab's! Minze, Myrte, Wacholder? Vielleicht. Aber vor allem, ohne jeden Zweifel, handelte es sich um den Geruch meines Exemplars von *Ein strenger Winter.* Umgekehrt ist es mir passiert, dass ich in die Küche rannte und wie besessen die Gewürzdosen öffnete, um herauszufinden, wonach mein *Bildwörterbuch* duftete. Muskat, Ingwer? Zu stark. Salbei? Nein. Noch einmal tauchte ich meine Nase in den Band. Und plötzlich zog es mich wie einen Trüffelhund zum alten Koffer meiner Großmutter. Sandelholz! Jener Koffer, den ich auf dem Dachboden von Monteil entdeckt hatte, voller Federboas, Spitzen, Tischdecken. Zwei Tage war ich herumgeschlichen und hatte mich gefragt, woran mich dieser trockene, pikante Duft erinnerte. An Bücher. Ganz bestimmte Bücher.

Es gibt auch ganze Bibliotheken, die nicht weniger köstlich riechen, die einen Duft nach Keller, Schimmel, Champignons, Moos oder Farn verströmen. Es gibt Bücher, die nach Herbst, andere, die nach Sommer riechen. Solche, die nach der immergrünen Strauchheide Südfrankreichs oder nach Unterholz duften. Betörende und doch beunruhigende Düfte: zu feucht oder zu trocken.

Nur selten riecht ein Buch nach Stadt: Dennoch lässt sich dies für mein kleines Englisch-Wörterbuch behaupten, das ich im Alter von zwölf Jahren bei einem Sprachaufenthalt in Ramsgate gekauft hatte. Sicher liegt es an dem blauen Einband aus geprägtem Kunststoff, der mich an das überhitzte Straßenpflaster, die in der Sonne stehenden Bistrobänke, die Autositze erinnert. Nicht wirklich unangenehm. Aber unpassend. Warum?

Vor allem wegen dieses unaufdringlichen Geruchs nach Staub. Bücher lieben ihn, ziehen ihn magnetisch an. Er schmiegt sich an sie, macht sie samtig. Sinnlos, ihm zu Leibe rücken zu wollen. Nur ein Staubwedel kann die unregelmäßigen Rändelungen der Regale erreichen, doch der Staub macht sich bloß darüber lustig, er lässt sich von einem Regal vertreiben, um gleich wieder auf einem anderen niederzusinken. Allein der große Frühjahrsputz wird damit fertig (oder, besser gesagt, könnte damit fertig werden). Doch würden die Regale dann wie die Bibliothek eines Schweizer Sanatoriums wirken, wo durch die blank geputzte Fensterscheibe ein Lichtbündel die glimmerartigen Körnchen erhascht, die auf einen Hauch warten, um sich *zu allererst* auf die Bücher zu legen.

Nur auf Büchern und Weinflaschen hat Staub etwas Edles, nur dort ist er tolerierbar. Und man denkt sich kaum etwas dabei, über den Schnitt eines Buches zu pusten, bevor man sich in die Lektüre vertieft. Wie seltsam, das hier riecht nach rein gar nichts. Immerhin handelt es sich um *Das Kopfkissenbuch der Dame Sei Shonagon*, die unermüdlich Gerüche, Farben, Formen klassifiziert.

Musik

Im Vergleich zu dem Lärm, den eine Zeitung verursacht (jedes Umblättern durchbricht die Stille wie ein Donnerschlag), ist das Buch sehr diskret. Und doch verschafft es sich Gehör: Ob man mit ungeduldigem Finger die Seite sucht, auf der man stehen geblieben war, oder ob man es mit dem Daumen schnell belüftet, das Buch tobt, summt oder plappert. Jedes Buch ist ein einzigartiges Instrument, das unter den Fingern des Interpreten unterschiedlich klingt. Von der Flöte der Pléiade bis zum Fagott des *Petit Robert* variiert seine Klangfarbe entsprechend der Inspiration des Interpreten. Die Ähnlichkeit hat allerdings ihre Grenzen: bei Büchern zum Beispiel, die beim groben Durchblättern das biedere Geräusch eines fallenden Rinderfladens von sich geben, was, auch wenn es an die Pastorale erinnern mag, nichts Symphonisches hat. Ich mag jedoch ihren ländlichen Klang.

Bücher erklingen zu lassen, ist etwas Schönes, doch nur, wenn man solo spielt, denn das kaum wahrnehmbare, doch ganz regelmäßige Zischen beim Umblättern der Seiten durch jemand anderen kann sich in die Folterqualen verwandeln, wie man sie bei einem tropfenden Wasserhahn verspürt, vor allem wenn die Finger zu lange zwischen zwei Blättern eines Bogens verweilen, die Fingerglieder über den Schnitt gleiten – nicht enden wollendes Vorspiel zum *Flupp* des Wechsels auf die gerade Seite. Je feiner das Papier, desto grausamer die Qual, zumal wenn der Leser, der nur eine Seite hatte umblättern wollen, dies noch einmal überprüft: Rascheln von Seide. Schon weniger würde genügen, um jemanden umzubringen.

Alles im Buch erzeugt Musik, man muss nur genau hinhören: Der Rücken eines Bandes mit Fadenheftung gibt, wenn man ihn aufschlägt, ein ganz leises, kaum wahrnehmbares Trillern von sich, der eines alten Taschenbuchs ein düsteres Knarren, untrügliches Zeichen, dass bald die Blätter herausfallen werden; die Oberfläche des Papiers faucht und der Deckel vibriert unter ungeduldigen Fingern. Das schönste Geräusch aber entsteht, wenn man die noch geschlossenen Seiten eines Buches aufschneidet. Eines Tages sagte ein junges Mädchen, das mich in der Metro hantieren sah, entrüstet zu ihrem Freund: »So teuer, und dann noch voller Mängel. Unglaublich!« Sie wusste nicht, dass das, was heute die Ausnahme ist, gestern noch fast die Regel war, sie hatte keine Ahnung vom Vergnügen, den Streitereien, den verschiedenen Schulen und Gerätschaften dieser sinnlichen Handlung: schneiden, mit oder ohne Fransen (»Bart«), beim Lesen oder vor Beginn der Lektüre. Einige recyclen dazu ein altes, sehr scharfes Messer. Ich für meinen Teil, unverbesserlicher Fan von Fransen, benutze entweder ein Metroticket (Papier gegen Papier), einen abgebimsten, glatten, mit Patina versehenen Bambusspatel (Holz gegen Papier) oder die stumpfe Seite eines altertümlichen, schartigen Messerchens, obwohl mir die Kombination Metall-Papier nicht besonders gefällt. Doch im Grunde ist es mir gleichgültig, welches Instrument man zum Aufschneiden benutzt, Hauptsache der Bart ist leicht gelockt und flauschig, eine künftige Staubfalle.

Solcherlei Vergnügen am Aufschneiden hat in meinem Leben einmal beinahe eine Trennung ausgelöst. François hatte mir die Reihe der kleinen Kochbücher aus der »Imprimerie quotidienne« geschenkt, mit den so originellen Erscheinungsvermerken (manche Titel besaßen sogar zwei: einen für die Originalausgabe und einen für den Nachdruck). Gleich zur letzten Seite zu eilen, wäre würdelos gewesen. Also las ich die Einleitungen und jedes der zehn Rezepte, um dann endlich mit einem entschlossenen, ungeduldigen Schnitt zu diesen kleinen Meisterwerken vorzudringen, die mal in dieser, mal in jener Form Zutaten und Dosierungen angaben (Papierqualität und Schriftgröße), die Namen der Lieferanten nannten (Canson, Brogniart), und oft auch tausend hübsch formulierte Einzelheiten lieferten: zum Wetter am Tag der Drucklegung (»starker Wind« beim Band *Basilikum*), zum Schutzpatron (der Heilige Alfons bei *Schokolade*) oder zur Stimmung (»hektisch und aufgeregt« bei ich weiß nicht mehr welchem Titel der Reihe).

Es war der reine Genuss. Jedenfalls bis zu dem Moment, als mich um drei Uhr morgens ein »Bist du jetzt bald fertig?« aus meiner Lektüre und zugleich auf mein wildes Ehebett riss. Wutentbrannt verzog ich mich auf den Divan und heulte, ich kam noch nicht einmal auf die Idee, dem Schnarcher den Papierschneider in den Rücken zu rammen.

Spitzel

Ich liebe jene kabbalistischen, auf dem Vorsatzblatt oben rechts vom Buchhändler mit Bleistift notierten Zeichen, jene kleinen Mysterien der Lagerverwaltung, die Ladengeheimnisse. Aber den schrecklichen Metallstreifen, der vor Diebstahl schützen soll, hasse ich. Er ist ein offensichtlicher Beweis dafür, dass in den Augen mancher Buchhändler der Kunde zunächst einmal ein potenzieller Dieb ist, ein Bücher verschlingender Kleptomane, ein Feind, ein Kranker. Diese versteckte Diebstahlsicherung entweiht in meinen Augen den heiligen Raum meiner Lektüre. Sie bedeutet vor allem, dass ich die beiden Seiten, die den magnetischen Spitzel wie ein Sandwich einquetschen, wieder leimen muss, und verhindert, dass ich das Buch ganz öffnen kann. Glaubt man einmal in aller Unschuld, man sei auf einen vertrauensvollen Buchhändler gestoßen, findet sich zwischen den Seiten 230 und 231 wiederum der Beweis für seinen Argwohn. Der Text ist am inneren Rand angenagt: Diese Esel sind nicht mal im Stande, ihr schändliches Zeichen akkurat zu platzieren!

So behutsam ich auch vorgehe, um es abzulösen, immer geht ein Stück Papier mit. Das ist genauso schmerzhaft, wie mit einem Pflaster ein Stück Haut abzureißen. Doch lasse ich es drin, verdirbt mir der ungebetene Gast zwei Seiten meiner Lektüre und verwandelt zu allem Überdruss meine Bibliothek, meine Lieblingsbücher in ein Magnetfeld.

Wenn die Buchhändler auf ihren Spitzel schon nicht verzichten wollen, dann könnten sie ihn wenigstens am Ende des Buches anbringen. Dort ist er mit Sicherheit genauso wirkungsvoll. Es gibt überhaupt keinen Grund, den unschuldigen Leser zu verfolgen – oder den schuldigen. Der sich im Übrigen entweder durch einen hochnotpeinlichen, Panik auslösenden Alarm erwischen lässt oder es versteht, den magnetischen Auslöser unschädlich zu machen.

Wenn ich meine Bücher verleihe, kommt mir oft der Gedanke, dass derjenige, der sie ausleiht, mich für eine Diebin halten wird, sobald er die Spuren entdeckt, die der herausgerissene Spitzel hinterlassen hat. Aber auch wenn ich früher hin und wieder gestohlen habe, so habe ich doch noch nie

Bücher geklaut. Whisky, einen Badeanzug, Nagellack, ein Kleid, einen Kamm, lauter unnützes Zeug, ja, aber niemals Bücher. Warum? So sehr ich mir auch den Kopf darüber zerbreche, komme ich nicht dahinter, was es mit diesem selbst auferlegten Verbot auf sich hat. Es kann höchstens an der mythischen Gestalt des Brille tragenden, rauchenden, leutseligen Buchhändlers liegen: Sofern man nicht ein wirklicher Betrüger ist, klaut man einer alten Dame ebenso wenig ihre Handtasche wie man einem liebenswürdigen und träumerischen Buchhändler ein Buch stiehlt. Für Jugendliche im Klaualter ist Stehlen eine Art Sport. Warum sonst sollte man es tun, oder? Ich kenne viele ehemalige Bücherklauer, und ich mag sie. Und? Nichts. In ihren Augen waren Buchhändler eben weniger liebenswürdige und verträumte Wesen als in meinen.

Bauchbinde

Die Bauchbinde ist dazu da, zu betonen, dass der Autor wirklich Hamon und nicht Rotman heißt, dass das Buch den Prix Médicis und nicht den Goncourt bekommen hat, dass es sich wirklich um den Debütroman von Béatrice Leca oder den neuesten Essay von Debray handelt und nicht um den soundsovielten Max Gallo, dass das Buch wirklich die Fortsetzung von Franz-Olivier Giesberts François Mitterrand-Biographie ist oder dass *Was vom Tage übrigblieb* wirklich der Roman ist, auf dem der Film basiert.

Die Bauchbinde ist redundant, beharrlich, unpassend. So leicht es ist, sich eines schlechten Schutzumschlages zu entledigen, so viele Skrupel hat man, eine Bauchbinde wegzuwerfen. Fragen Sie mich nicht, warum. Man deponiert sie in der Mitte des Buches. Aber es ist unmöglich, sie ordentlich zu falten. Frech ragt sie aus dem Buch heraus und zeigt uns ihre rote Zunge. Ihre Falten sind von einer störenden Symmetrie. François, ein methodisch veranlagter Mensch, bringt mir den richtigen Trick bei. Er platziert sie genau auf der letzten Seite vor dem Deckel. Ganz senkrecht. Dort vergisst man sie sofort.

Jahre später ist man dann ganz überrascht. Hatte man doch tatsächlich vergessen, dass Maurice Pons den Grand Prix de l'Académie française bekommen hatte, dass Jean Rolin seinen halben Médicis für den *Bettnässer* redlich verdient hat, aber dass er ganz klar einen doppelten Prix Femina für sein herzzerreißendes *Joséphine* hätte bekommen müssen. Ein ganzer Schwall von Erinnerungen steigt auf.

Strichcode

Es gibt das Davor und das Danach. Davor waren Streichhölzer, Kaviar, Zahnbürsten, Wein, Bücher, Schuhe deutlich voneinander zu unterscheidende Produkte, mehr oder weniger etikettiert. Heute sind sie allesamt mit Strichcodes behaftet, die diese Artikel, ganz gleich ob klein oder groß, alltäglich oder luxuriös, zu Waren herabwürdigen.

In meinen Augen kann das Buch keine einfache Ware sein. Ich bebe vor Zorn, wenn ich dieses Gestrichel sehe, das den hinteren Buchdeckel verunziert und den Sieg des Marketings über die Ästhetik ohne jedes Zugeständnis deutlich macht. Warum hat es noch kein Graphiker geschafft, ihn ansprechender zu gestalten, ihn in etwas einzufügen, von ihm abzulenken? (Immerhin weiß ich von Jean-Pie, dass es ihn in Form eines Käfigs gibt, und von Ochas, dass jemand ihn mit Hilfe eines kleinen dreieckigen Daches in d[illegible] thenon verwandelt hat.) Ich persönlich habe bei Büchern, die man mir geschenkt hatte, zweimal ein Zebra daraus gemacht. Auch zwischen zwei Elefanten, die als Buchstützen dienen, kann ich ihn mir gut vorstellen.

Mit einigem guten Willen könnte ich dem Strichcode Lautréamontsche Züge abgewinnen, »schön wie die zufällige Begegnung einer Registrierkasse mit einem Manuskript« (was das Buch genau besehen ist). Doch diese Tatsache will ich beim Lesen vergessen, denn sie stört die Intimität zwischen Autor und Leser. Dabei ist die Erinnerung daran, dass das Buch aus einer langen Kette der Zusammenarbeit von Verleger, Vertrieb und Buchhändler hervorgegangen ist, doch eher sympathisch. Zumal ich selbst Teil dieser Kette bin. Was im Übrigen vielleicht genau der Haken ist. Sobald ich lese, höre ich auf, ein Glied in dieser Kette zu sein. Dann will ich nichts wissen von all dem Gewurschtel mit der Auslieferung, den Preisen, der Remissionsverwaltung. Das gehört zu einem Bereich, den ich als Leserin nicht zu kennen brauche. Dennoch wird auf meinem hinteren Buchdeckel eine ganze Buchhaltung zur Schau gestellt, mit der gleichen Schamlosigkeit, die jene etwas schlampigen jungen Frauen an den Tag legen, wenn sie sich in der Metro schminken, Make-up, Puder, Rouge, Lidschatten, Maskara, Lippenstift auflegen, mit dem kleinen Mienenspiel, das normalerweise dem Badezimmerspiegel vorbehalten ist.

Der Strichcode verhöhnt mich mit gleich bleibender Frechheit. Hinter seinen Strichen spielen sich immer dieselben miesen Machenschaften ab, die niemanden etwas angehen. Und außerdem ist er düster wie ein Stück zerschlissener Trauerflor, griesgrämig wie ein falscher Buren*. Wie ein dunkles Fabriktor beschwört er ein Universum aus Zwang herauf, das Getöse von Registrierapparaten,

* Daniel Buren, Künstler und Kritiker des Kunstbetriebs, dessen Spezialität Arbeiten mit schwarz-weiß gestreiftem Stoff sind. (A.d.Ü.)

Lastenaufzügen, Warentransporten. Warum hat man ihn nicht in Form eines Wasserfalls oder sonnenförmig gestaltet? Alles wäre besser als dieses Geschrammel, das den Leser brandmarkt, ihn zum gewöhnlichen, dem Markt gnadenlos ausgelieferten Konsumenten degradiert. Da kraxelt er ganz entrückt und voll Anteilnahme für den Autor mit Alain Gheerbrant *Auf geheimen Indiopfaden* durch den Amazonas-Dschungel. Von Mücken zerstochen, zwingt er sich, das widerliche Maniokbier zu trinken, das in zwei gescheuerten Pirogen gärt, und schickt sich an, das Ritual des Ameisenbisses zu erleiden, das ihm vom Piaroa-Schamanen auferlegt wird. Oder aber, wie Redmond O'Hanlon in *Redmonds Dschungelbuch*, wagt er es nicht mehr, ins Wasser zu pinkeln, aus Angst, am Urinstrom könnten blitzschnell Parasiten hochsteigen. Doch kaum schließt er, vor fiebriger Erregung zitternd, für einen Moment das Buch, ist er augenblicklich wieder mitten in der Zivilisation mitsamt ihrem Strichcode und dessen ausgefahrenen Krallen. Nicht anders ergeht es dem Leser, der sich in die Lektüre der *Prinzessin von Cleve* versenkt. Er liest nicht mehr, sondern lässt die Kassen klingeln, und das spürt er.

Aber bei Parfum oder Höschenwindeln sei es doch nicht anders, wird man mir entgegenhalten. Natürlich nicht. Auch da gibt es einen Strichcode, jedoch auf der Verpackung. Den Büchern ist er auf den lebendigen Leib gedrückt. Brutal und schonungslos.

Exlibris, Widmung & Co.

Da das Buch beim Kauf bereits übersät ist mit Werbetexten, Autorenfoto, Bauchbinde, Schutzumschlag, Strichcode, Metallstreifen und geheimnisvollen Anmerkungen des

Buchhändlers, fühlt sich natürlich auch der Leser veranlasst, seinen Senf dazuzugeben. Zwischen widersprüchlichen Gefühlen hin und her gerissen, empfindet er dabei leichte Scham. Zumindest mir geht es so. Denn mir wird klar, wie schäbig es eigentlich ist, mir im Buch einen Platz anzumaßen, indem ich mich mit meinem Namen verewige. Manchmal ziehe ich mich aus der Affäre, indem ich ihn erst auf die dritte Umschlagseite schreibe. Diese nicht zu unterdrückende, archaische Aneignung geht auf frustrierende Schulerfahrungen zurück, als niemand die zum Umlauf bestimmten Schulbücher sein Eigen nennen durfte. Der Aufkleber mit doppelter blauer Borte und abgeschrägten Ecken musste zur Identifizierung genügen. Einzige Ausnahme waren die Bände der Lagarde et Michard-Literaturgeschichte, die uns traditionsgemäß ein ganzes Leben begleiten sollten. Seither nehme ich Revanche.

Um meine Gemeinheiten oder kindischen Anwandlungen zu umgehen, habe ich einen Trick entwickelt: Ich kennzeichne die Bücher buchstäblich mit meinem Siegel. Daher die Monogramme, die ich mit dem Brieföffner in einen Radiergummi geschnitzt oder mit einer Büroklammer in den Seifenstein graviert habe, der zu diesem Zweck in dem chinesischen Laden in der Rue Monsieur-le-Prince verkauft wird. Um mein peinliches Monogramm AF (das sofort Assoziationen an die Action Française weckt, eine äußerst rechte politische Bewegung) abzuändern, ist mir nichts Besseres eingefallen als ein stilisiertes AFr, das nur dank der verwendeten roten, grünen oder blauen Tinte keine Ähnlichkeit mit dem noch schändlicheren Hakenkreuz wachruft. Kürzlich habe ich mir einen Olivenzweig und drei Oliven in einen Radiergummi geprägt. Da kommt mir der Gedanke, dass ich ihn Dom schenken könnte, dessen Sohn im Département Hérault Oliven züchtet, die ein wunderbares Öl ergeben.

Um mich von meinen narzisstischen Anwandlungen reinzuwaschen, hat Olivier mir vor ein paar Jahren an Weihnachten ein doppeltes Siegel auf einen Zylinder aus Birnbaumholz graviert, der ein Buch darstellt, das auf der linken Seite ein A und auf der rechten ein F zeigt. Auf der einen Seite des Zylinders ist das Motiv klein abgebildet (für Taschenbuchausgaben), auf der anderen groß (für die Originalausgaben). Überzeugt, dass ich ihm eine ebenso große Freude mache wie mir selber, wenn ich es benutze, versenke ich mit unsagbarem Vergnügen den Stempel ganz sanft in die elastische Masse einer roten japanischen Tinte, halte ihn mittig über den Namen des Verlegers und drücke mit meinem ganzen Gewicht darauf; umso schmerzlicher ist die Enttäuschung, wenn ich merke, dass ich den Stempel verkehrt herum oder gar schief aufgedrückt habe. Sei's drum, es sieht trotzdem schön und fröhlich aus.

Manchmal träume ich auch davon, ein echtes, mit einer Jahreszahl versehenes Exlibris einzukleben, aber sein feierlicher und ein wenig prätentiöser Charakter hält mich von diesem Größenwahn ab. Sollte allerdings Olivier oder Pascale mir für das Jahr 2000 eines machen, würde ich es annehmen, bevor ich mich schlagen ließe.

Nichts jedoch kommt dem Stempel des Autors oder des Schenkenden gleich (wobei sicher eine Rolle spielt, dass man dies als Ehre empfinden darf). Aber mehr als alles liebe ich die von François gezeichneten Widmungen voll zärtlicher Wortspiele, die er beim Sprechen eher sparsam einsetzt. Ich schmelze dahin.

Wenn der Schenkende nicht daran denkt, bettele ich um eine kleine Widmung, und sei's auf einem losen Blatt, das ich dann auf das Vorsatzblatt klebe. Notfalls schreibe ich tief betrübt selbst »geschenkt von Soundso, am Soundsovielten« hinein. Jahre später erinnere ich mich wieder, wann, warum und wie Jok mir *La Femme changée en renard* geschenkt hatte. Wie geht's Jok überhaupt? Ich rufe ihn an. Wir gehen zusammen essen.

Phantasien

Ich bin nicht religiös, habe aber etwas gegen blasphemische Äußerungen. Ich mache keinen Kult ums Buch, entwickle aber immerhin ein paar Phantasien, wie man es entweihen könnte. Nicht einmal an Tagen, an denen ich deprimiert bin und allein in der Küche stehe, lasse ich mich so weit gehen, einen Hühnerschenkel aus der Hand zu essen, aber ich liebe es, mit den Fingerspitzen die Kressegarnitur von den Tellern zu klauben (Pardon, Lydie Salvayre). Wie gesagt, Eselsohren in Büchern zu hinterlassen, bringt mich auf die Palme, aber auf die letzte freie Seite zu kritzeln, macht mir Spaß.

Ob zu Recht oder zu Unrecht, glaube ich, dass diese klitzekleinen Freiheiten, diese zaghaften Kühnheiten mich vor größeren Versuchungen, großen Schäden, nicht wieder gut zu machenden Handlungen bewahren. Ein Buch zu verbrennen, zum Beispiel. Abzählverse ermutigen mich zwar dazu (»Die Hefte ins Feuer, das Buch in die Mitte, so will's die Sitte«), doch die Geschichte verbietet es mir. Öffentliche Verbrennung von Büchern, nein. Das Ertränken allerdings … Da ich sehr oft in der Badewanne lese (wobei ich geschickter bin als *Die Schöne des Herrn* und mit dem Zeh problemlos Abflusshebel und Warmwasserhahn betätige – auch vor der Anschaffung einer Grohe-Mischbatterie), werde ich regelmäßig von dem heißen Wunsch übermannt, mein Buch ins Wasser zu tauchen. Am 21. November 1995 wagte ich den großen Schritt. Gemeinerweise hatte ich mir den Tag ausgesucht, an dem ich gerade ein ganz unterhaltsames Taschenbuch zu Ende las, mit einem Titel, der für meinen Plan wie geschaffen war: *Lilis Verfehlungen.* Mit regelrechter Wollust ließ ich es ins Wasser fallen und treiben. Da es partout nicht untergehen wollte, drückte ich es hinein, was einen Auftrieb von unten nach oben verursachte, mitsamt gewaltigen, kitzelnden Schaumblasen. Dann ließ ich es mit seinem nun pagodenförmigen Deckel und den Seiten, die sich wellten wie Zöpfe, die man aufflicht, wieder nach oben steigen. Gewissensbisse und Erleichterung (ein Titel à la Jane Austen): Ich hatte es getan, hatte es gewagt. Leider merkte ich zu spät, dass ich mein Bad mit grünem Zitronenöl parfümiert hatte. Ein Detail, das meine Erfahrung zur Anekdote herabwürdigte. Trotzdem: Ich hatte gerade auf empirische Weise entdeckt, dass die Beifügung von Öl die Widerstandsfähigkeit, Weichheit und das Aussehen des grässlichen Taschenbuch-Klopapiers verbesserte. Nur: Die Erkenntnis war mir gleichgültig. Mit dem Vergnügen war es vorbei. Die Tabuverletzung war zur Farce, die anarchistische Furie zur launenhaften Kokotte geworden.

Das Scheitern dieser ersten Aktion in punkto zerstörerische Phantasien hat alle anderen im Keim erstickt. Dennoch überkommt mich zuweilen die Lust, meine dicken Bücher in einzelne Faszikel zu verwandeln (da ich allerdings eine Schwäche für »Backsteine« habe, muss jede praktische Überlegung dazu im Sande verlaufen). Und insgeheim bewundere ich Marie, die jahrelang ihre Krimis, sobald sie sie ausgelesen hatte, aus dem Fenster des Zuges Paris-Lille warf. Das würde ich selbst bei Kriminalromanen, die ich nur selten lese, nicht übers Herz bringen.

Hingegen hätte ich große Freude daran, die freien Stellen über dem Text beherzt zu aquarellieren. In *Wem die Stunde schlägt*, das ich kürzlich wieder gelesen habe, habe ich einen ganz zaghaften Versuch gewagt: Oben auf Seite 395 der Folio-Ausgabe, wo Andrés seine Gedanken schweifen lässt, habe ich in Pastelltönen einen Himmel gezeichnet, aus dem es in Strömen regnet; leider ist die Zeichnung so misslungen, dass ich es auf lange Sicht nicht wieder probieren werde.

Vielleicht später einmal, wenn ich reif bin für die Klapsmühle (eine meiner vielen Zwangsvorstellungen). Bevor ich aber ganz durchdrehe, werde ich bestimmt wieder damit anfangen, das weiß ich. Ein Buch, völlig bedeckt von Aquarellen, Pastellzeichnungen, Mustern, wie ein Skizzenblock. Ja, warum nicht? Aber welche Art Buch könnte das sein? Eins von denen, die ich liebe (schade drum)? Eins von denen, die ich nicht mag (wie kleinmütig)?

Unfälle

Auf meinem Notizzettel lese ich: »Unfälle«. Ich zerbreche mir den Kopf. Großes Rätselraten … *A posteriori* kann ich mir darunter nur Unfälle vorstellen, die Auto fahrende Leser und lesende Fußgänger verursachen.

Ich erinnere mich, dass François einmal einen Zusammenstoß bewirkte, als er einen Stau dazu nutzte, sich in »Le Monde« zu vertiefen. Seither trichtere ich ihm immer wieder ein: »Lesen oder fahren, beides zusammen geht nicht.« Und fühle, wie mir plötzlich vor lauter Wachsamkeit Hörner wachsen. Ganz umsonst übrigens: Er liest bei jeder Gelegenheit. Aber ich hasse es, wenn er beim Spazierengehen auf Priester macht, mit der Nase im *Gallischen Krieg* statt im Brevier. Ich hasse es, denn zwischen Cäsar und mir … Der Gipfel der Ungerechtigkeit besteht darin, dass er nie gegen einen Baum prallt, nie über einen Stein stolpert, nie in einen Kuhfladen tritt. Ich hingegen …

Es ärgert mich, doch auf der langweiligen Strecke zwischen der Porte de Choisy und meinem Zuhause tue ich genau dasselbe. Sobald die Lichtverhältnisse es erlauben, versenke ich mich in mein Buch, ohne auch nur einen Blick auf die chinesischen Metzgereien, die Tennisplätze, auf denen sich zu allen Tages- und Nachtzeiten seltsame Gestalten in fluoreszierenden Trainingsanzügen herumtreiben, oder auf die überfüllte Ringautobahn zu verschwenden. Ich lasse mich beim Lesen umso weniger aus der Ruhe bringen, als die Köter des Viertels lieber den mageren Rasenstreifen in der Straßenmitte vollscheißen als die Seitenalleen. Ich lese, und die Kreuzung der Place Port-au-Prince (die ich je nach Laune umtaufe in Porto-Prince oder Porto-Flip) wird im Nu weniger gefährlich. Normalerweise blicke ich nach rechts, nach links, nach vorn und zurück, je höher die Zahl der Vorsichtsmaßnahmen, desto größer die Risiken. Beim Lesen jedoch gehe ich einfach weiter, während ich die Seiten umblättere. Mein Leichtsinn weckt das Verantwortungsgefühl der Autofahrer. Mangels Gegner verlaufen ihre Drohungen im Stil von »Bleib stehen, oder ich fahr' dich um!« jedoch im Sande. Da sie noch so laut »Du blöde Tussi« oder »Dumme Gans« schreien können, behandeln sie mich schließlich wie eine Seiltänzerin oder Schlafwandlerin, bei der mit allem zu rechnen ist: mit einer plötzlichen Ohnmacht oder einem kräftigen Stoß gegen ihre Karosserie. Der völlig versunkene Leser ist unberechenbar: Ein kleiner Kuss auf den Hals, und er geht an die Decke. Er ist ein Asozialer, ein Einzelgänger, eine Art Autist. Versuchen Sie, ihn daran zu hindern, einen Abschnitt zu Ende zu lesen, und der sanftmütigste Mensch verwandelt sich in eine Bestie. Solange ein Leser sein Buch nicht aus freien Stücken weglegt, ist er ein potenziell gefährliches Wesen.

In die Rubrik »Unfälle« gehört es auch, wenn Bücherregale aus ihren Halterungen rutschen und zusammenstürzen. François wird bestimmt nie die schrecklichen Minuten vergessen, als er mit Kopf, Händen, Schultern und einem Knie die Fertigelemente des Regalsystems Matéric festhielt, dessen Schrauben sich gelockert hatten. Das ganze Regal drohte zusammenzubrechen. Nur durch behutsames Ruckeln und vorsichtiges Stützen mit Hilfe der Schultern konnte er die Bretter wieder gerade rücken. Die heikelste Aufgabe aber lag noch vor ihm: auf die Trittleiter zu steigen und die Schrauben festzuziehen, ohne die »Bombe« zu reaktivieren. In der Rue Barrault wiederum mit ihren braven Einfamilienhäusern lauerte eine weitere Gefahr, beziehungsweise sie bedrohte die Nachbarn unter uns. Mehr als einmal hatte ich geträumt, wie unter dem Gewicht der Bücher die Decke einstürzte und Madame Lebeau und ihren Sohn unter sich begrub.

Durch Erfahrung klug, ließ François vor unserem Umzug nach Ivry im Erdgeschoß Stützpfeiler aufstellen, die das Gewicht seiner zehntausend Bücher zu halten vermochten. Mit größter Sorgfalt achtete er darauf, dass sein Schatz sicher verstaut würde. Was das anging, fühlten wir uns ganz beruhigt. Ich liebte es, die bis zur Decke reichenden, vier Meter hohen Regalreihen anzuschauen. Bis zu dem Tag, als ich von der Terrasse aus durch sein Zimmer ging und mir schwarz vor Augen wurde. Der Raum schwankte vor meinen Augen. Ich setzte mich auf die Stufen, führte mein Unwohlsein auf eine kürzlich erfolgte Operation zurück. Ich riskierte einen kurzen Blick. Der Raum hatte jetzt noch mehr Schlagseite. Da begriff ich, dass die Bücherregale sich in den Parkettboden versenkt hatten. Auf Zehenspitzen ging ich hinaus, um dem Schiffbruch nicht auch noch Vorschub zu leisten. Wir mussten nacheinander jedes einzelne Buch herunternehmen, den Teppichboden herausreißen, die Parkettbretter verstärken, kalfatern. Nach vierzehn Tagen war das Schiff wieder seetauglich. François stellte dennoch neue Regale auf, kreuz und quer im Zimmer verteilt, sodass sein Büro jetzt wie ein finsteres Labyrinth wirkt.

Bulimie

Eines Tages sagte Jean zu mir: »Du liest Bücher, als würdest du einen Wald abholzen.« Angesichts seiner Liebe zu Wäldern war ich einigermaßen verblüfft. Er hat Recht. Mein Leseverhalten reicht bis in meine Kindheit zurück, als ich die gesamte Reihe »Geschichten und Legenden« wie eine Packung Salzstangen nach und nach aufknabberte.

Die Begegnung mit anderen lesenden Holzhackern ließ mich wieder auf diese alte Gewohnheit zurückgreifen. So verschlang ich in Térénez zusammen mit der ganzen Sippe Andrieu die gesamte *Menschliche Komödie* und hörte dabei dem Regen zu sowie den Klängen von Deller Consort (eine weitere Entdeckung jener Ferien).

Ein paar Jahre später war Giono an der Reihe, abgesägt zu werden. In Bollène im Schatten der Büsche sitzend, redeten François, Olivier und ich beim frenetischen Zirpen der Grillen nur noch von Giono, von Formulierungen wie »Landschaften, ganz durchweht von weiblichen Düften«, die wir immerzu wiederholten und uns dabei vor Lachen ausschütteten. Eines Tages, als wir einen Reissalat aßen, fingen wir plötzlich an, uns alle drei im glühend heißen Gras zu wälzen und mit einem Reiskorn, das Schaum vor dem Mund darstellen sollte, die cholerischen Wutanfälle aus *Bleibe, meine Freude* zu simulieren. *Ennemonde und andere Charaktere* las ich außerhalb der Provence. Einer jener trockenen Giono-Romane, die mehr nach Feuerstein als nach Grummet riechen*. Letzteren Titel empfehle ich

* Anspielung auf den Giono-Roman *Regain*, dt. Grummet. (A.d.Ü.)

allen, die Giono nicht mögen, aber nur seine elegischen, ein wenig seichten Romane gelesen haben.

Diese Gefräßigkeit gegenüber einem Autor hat bei mir nie nachgelassen. Als Lisette mir Brink ans Herz legte, lief ich umgehend zu Stock und trug alle (sehr poetischen) Titel zusammen, die ich von ihm finden konnte. Genauso verfuhr ich mit Singer. Und mit Colette. Am Abend, als ich meinen ersten Simenon zu lesen begann, ahnte ich nicht, dass ich Jahre brauchen würde, um diesen Wald abzuholzen.

Das Problem ist, dass manche Autoren sehr ergiebig sind, andere dagegen regelrecht knauserig. Im Nu hat man ihre gesamte Produktion verschlungen und muss sich dann drei Jahre gedulden, bevor ein neues Buch von ihnen erscheint. Ihr neurotisches Publikum kümmert sie keinen Deut: Unbeirrbar gehen sie ihren Weg, je nach Inspiration, Alkoholkonsum, Forderungen des Finanzamts, Gutdünken. Auf jeden neuen Cormac McCarthy warte ich so sehnsüchtig wie ein Hund auf seinen Knochen.

Wie auch immer, jedenfalls ist dieses System der »Nahrungsaufnahme«, das die Pléiade-Autoren so mögen, nicht frei von Gift. Gewiss, man hätte nichts Besseres erfinden können, um ein Werk, einen Autor kennen zu lernen oder sich an einer Imitation zu versuchen. Nichts Wirkungsvolleres, um mit der gemeinen Lust, wie man sie beim Zerdrücken einer Mücke empfindet, die Obsessionen, Schwächen, Nachlässigkeiten, Tricks oder Lieblingsgerichte seiner Lieblingsautoren herauszufinden, die dadurch menschliche, ja allzu menschliche Züge gewinnen. Man liebt ihre Fehler genauso wie die lästigen Angewohnheiten der besten Freunde. Der Autor wird zu einer vertrauten Person. So nah. Doch man gewinnt nichts dabei, Vialatte zum Kumpel zu haben. Man sollte den Abstand wahren. Nach der Lektüre der *Schönen des Tages* und des *Buches meiner Mutter* wollte ich alles von Cohen lesen, ohne mir klar zu machen, dass der Rest, immer derselbe eintönige Aufguss, zu viel des Guten sein würde. Am schlimmsten war, den Autor zu sehen und zu hören. Ich wurde Zeugin, wie ein Mythos Schiffbruch erlitt. Mein Held zeigte so viel Haltung wie ein Schneemann in der Sonne. Wie weise von Julien Gracq, nicht aus dem Schatten seines Verlegers zu treten! Plötzlich verzeihe ich ihm das griesgrämige *Rom – Um die sieben Hügel*, das an einen kleinen Geographielehrer denken lässt, der sich für Gracq hält.

Jetzt, wo ich erwachsen bin, habe ich aufgehört, Bücher so zu lesen, als würde ich einen Wald abholzen. Denn ebenso wenig wie der Bulimiker sich das Recht zur Verdauung zugesteht, nimmt der Bibliomane sich die Zeit zur nachbereitenden *ruminatio*.

In den Sattel heben und an den Pranger stellen

Als Jugendliche habe ich keine Folge der Sendung »Lektüre für alle« verpasst. Dumayet, Max-Pol Fouchet, Desgraupes faszinierten mich noch mehr als ihre Gesprächspartner. Wer von den Dreien jagte mir am meisten Angst ein? Denn ich sah mich dort bei ihnen sitzen, in ihren falschen Boudoirs der Folter ihrer Fragen ausgesetzt. Wenn ich mir ausmale, welche Geständnisse sie mir hätten entreißen können, an welch unmöglichen Dialogen ich mich hätte beteiligen müssen, wird mir heute noch bang ums Herz. Unter dem strengen Blick von Dumayet verlässt mich all mein Mut, und selbst der gutmütige Desgraupes bringt mich zum Zittern. Max-Pol Fouchet schüchtert mich weniger ein: Er wird meine stümperhaften Verse nie zu lesen bekommen.

Die Verlegenheit der Autoren und mein eigenes Unbehagen als Zuschauerin haben mich begreifen lassen, dass der Platz eines Schriftstellers nicht die Bühne eines Fernsehstudios ist. Oft schreibt er ja gerade, weil er nicht reden will, nicht reden kann, ihm das Talent dazu fehlt. Mündliche Äußerungen sind für ihn sekundär. Nun wird man mir entgegenhalten, dass doch in früheren Zeiten Minnesänger und Troubadoure sich wie Jahrmarktskünstler gebärdeten. Dass in die literarischen Salons Autoren ihre ersten Entwürfe oder fertigen Texte mitbrachten. Gewiss. Doch Madame du Deffand war nicht Pivot, und bei Mademoiselle de Lespinasse wurde nicht in diesem Maße über das Schicksal eines Autors entschieden. Diderot musste nicht mit d'Alembert konkurrieren. Als Flaubert *Salammbo* deklamierte, wagte sein Freund Bouilhet nicht, ihn darauf aufmerksam zu machen, dass er innerhalb von sechs Zeilen siebenmal das Wort »ihnen« hatte donnern hören.

Woran bemisst sich heutzutage die Qualität eines Autors? An seinem Redetalent, seinem Schweigen, seiner Gelassenheit, seinen Gefühlen, seinem guten Aussehen, seiner miesen Laune, an der Zusammenfassung seines Textes, die der Moderator vorgetragen hat, an dem Auszug, den er daraus zuvor gelesen hat? An dem übertriebenen Lob der anderen Gäste der Sendung, an ihrer Verachtung, der Herablassung des jeweiligen Redners gegenüber seinen Rivalen, an seiner Arroganz? Ja. An all dem und an dessen Gegenteil. Man setzt sie einander gegenüber oder Rücken an Rücken, wie es sich gerade ergibt, zu einem ungleichen Kampf zwischen Maulwurf und Löwe. Dass es sich um den besten Maulwurf überhaupt oder um den stärksten aller Löwen handelt, tut nichts zur Sache, der Kampf schnürt einem das Herz zusammen. Sie haben gerade mal Zeit, um sich warm zu reden, da werden sie abgelöst vom Scharmützel zwischen Libelle und Jak, deren Gemeinsamkeiten der Moderator fein herausstreicht: »Wie können Sie unter Ihren zarten Flügeln nur so grausam sein?«; »Welche Empfindsamkeit unter Ihrem mächtigen Fell!« Letztendlich wird man das Buch der »Nachtigall aus der Rouergue« kaufen, die sich druckreif und sprachlich perfekt auszudrücken verstand. Die nähere Prüfung zeigt dann, dass der Vogel nicht im Stande war, sein Nest zu bauen. Manchmal erlebt man auch Wunder. Doch wie viele Frösche hat man umsonst geküsst, bevor sich einer als Prinz entpuppte!

Das Radio ist weniger Verrat an der Vorstellung, die ich mir von einem Buch und im Übrigen von jedem Werk mache: nämlich, sich selbst zu genügen. Obwohl der vor Blicken geschützte Autor sich hier noch stärker als im Fernsehen exponiert, vertrauensseliger ist, mehr erzählt, paraphrasiert, erklärt, rechtfertigt, öffentlich macht. Hier ist er noch nackter als sein Kollege, der im Fernsehen inmitten anderer Artisten der Truppe, die ungeduldig auf ihren Einsatz warten, einen schnellen Striptease hinlegt.

Rundfunkkritiker machen mir Angst. Vor allem in Gruppengesprächen, wenn sie nur darauf aus sind, Autoren auf selbstgefällige Art mit Bonmots und kehligem Lachen zu beweihräuchern oder zu zerstören. Doch das unwiderstehliche Solo-Plädoyer von Polac, das mich in Dieppe unverzüglich in eine Buchhandlung rennen ließ, um *Sonetschka* von Ljudmila Ulitzkaja zu kaufen, noch bevor ich unser Gepäck im Hotel, in dem wir das Wochenende verbringen wollten, abgestellt hatte, lässt mich diese Dummheiten vergessen.

Dummheiten, die mich umso mehr nerven, als ich Tonnen von Büchern auf ihre Empfehlung hin kaufe. Aber der Geruch, der ihnen anhaftet, ist immer zu intim, ein Gemisch aus Vertraulichkeiten und aufdringlichen Meinungen. Man hat die Geschichte im Voraus verraten, den Autor entblößt. Ich habe zu viel darüber erfahren. Zu früh.

Mundpropaganda

Obwohl mich die TV-Show der Kritiker relativ kalt lässt, mich der von den Ministranten bei ihren wöchentlichen Messen verbreitete Weihrauch fast erstickt, kann ich der Mundpropaganda für ein Buch nicht widerstehen. Wird der neueste Houellebecq durch die Medien niedergemacht, dann vergeht mir die Lust, ihn zu lesen, doch wenn Sylvie mir zuflüstert: »Du musst unbedingt Jean Rhys lesen«, kann nicht einmal ein heftiger Regenguss mich davon abhalten, auf die Suche nach der rätselhaften bretonischen Inselbewohnerin zu gehen. Die Verkäuferin bei Compagnie triumphierend zu ihren Kollegen: »Und, hatte ich nicht Recht, Rhys hinzulegen?« Sie hatte Recht, ich habe gleich vier ihrer Romane gekauft. Allein wir drei haben Jean Rhys vor dem Dahindämmern im Lagerraum gerettet.

Ein Schriftsteller, ich glaube, es war Le Clézio, hat einmal gesagt, der Erfolg eines Buches beruhe darauf, welche Meinung die ersten hundert Leser darüber verbreiteten. Es stimmt, manchmal leisten ein paar Gäste am Tisch mehr als eine Werbekampagne oder ein ganzes Bataillon von PR-Leuten. Außerdem, was gibt es Befriedigenderes als das Wissen, der vielleicht fünfzehnte Leser eines Buches, ein wirklicher Pionier zu sein? Mir persönlich macht es nichts aus, als Soundsovielte Christopher Isherwood zu loben, aber nichts gefällt mir so gut wie das Gefühl, wahrscheinlich die Einzige zu sein, die innerhalb eines Jahre *Das venezianische Notizbuch* von Liliana Magrini zur Sprache bringt.

So mag ich zwar zur Verbreitung der »frohen Botschaft« beitragen, doch die Frage »Was hast du denn in der letzten Zeit Schönes gelesen?« bewirkt bei mir eine totale Amnesie.

Ja, total. Inzwischen habe ich mir sogar angewöhnt, vor Essenseinladungen in der Stadt meine jüngsten Lektüreerfahrungen schriftlich Revue passieren zu lassen, und ich ärgere mich über mich selbst, wenn ich feststellen muss, dass ich meine Überlebensliste seit einem Monat aus Schlamperei nicht aktualisiert habe. Manchmal ist die Panik angesichts eines solchen Verhörs so groß, dass ich sogar den Titel des Buches vergesse, das gerade in meiner Handtasche liegt. Zum Glück sind meine Freunde weniger vertrottelt. Es war mein Wohnungsnachbar Ernest, der mir bei einem unserer Gespräche im Treppenhaus (immer wieder unterbrochen durch das Ausgehen des Minutenlichts) den *Botanischen Garten* von Frémon empfahl.

Es war Jean-Robert, der mir mit verschwörerischer Miene *Versunkenes Rot* von Brouwers schenkte. Babette, unsere Vermieterin in der Camargue, die mir von Bosco erzählte. Ouaffa, der mir bei unserem kurzen Aufenthalt in Casablanca ans Herz legte, Abdelhak Serhane zu lesen. François, der für Manchette entflammte. Vor allem aber muss ich meinen Bruder erwähnen, der mir heute hundertfach zurückgibt, was ich ihm früher einmal ausgeliehen habe. Er schafft es immer wieder, mich zu verblüffen. Wie bei allen vor 1960 geborenen, einigermaßen verwirrten Linkshändern gleicht seine Schrift – und bei ihm darüber hinaus auch die Rechtschreibung – der eines Analphabeten. Doch ich kenne keinen genaueren, feinsinnigeren Leser als ihn, keinen, der neugieriger oder anspruchsvoller wäre. Wenn die Verlagshäuser, die ihn gelegentlich als Illustrator beschäftigen, ein wenig gesunden Menschenverstand zeigten, müssten sie sich gegenseitig seine – mündlich formulierten – Leseerfahrungen streitig machen.

Mundpropaganda hat allerdings auch ihre Schwächen: Mein Universum quillt über von mit Titeln übersäten Post-it-Zetteln, Metrotickets, Restaurant- und Bankbelegen, Rechnungen. Denn, ich gestehe es, all diese Lektüreempfehlungen landen häufiger in meiner Jackentasche als in meiner Ohrmuschel. Was unser Vorstadthaus vor dem Überquellen bewahrt.

Trotzdem habe ich gerade auf Empfehlung Martines *Je suis le gardien du phare* von Eric Faye, erschienen bei Corti, bestellt.

Gedankensprünge

Diese Anfälligkeit für Empfehlungen Dritter erklärt zum Teil die logische oder anarchische Abfolge meiner Lektüre: eine hemmungslose Jagd, unterbrochen von monomanischen Perioden. Ein Blick auf meine sporadisch angelegten Listen zeigt mir, dass ich Ende Dezember 1992 *Omer-Pascha Latas* von Ivo Andrić (Rest einer früheren völligen Begeisterung), *Egon Schiele* von Fournier (schlechte Biographie), *Der Mann, der Bäume pflanzte* von Giono und *Mon valet et moi* von Guibert gelesen habe. Dann, Anfang Januar 1993, sechs Bücher hintereinander von Machado de Assis. Im März 1993 *Reise um meinen Schädel* (toll, doch ich erinnere mich nicht mehr an den Namen des Autors), *Le Moi des Demoiselles* (phantastisch), dann zwei Romane von Paul Auster. Nur zwei. Ich habe es in dem Fall nicht auf »alle neune« gebracht, weil Paul Auster mich nicht sonderlich begeistert. Versucht habe ich es wenigstens.

In jüngster Zeit habe ich eine wahre Leidenschaft für Jørn Riel entwickelt. Sie hatte einen Briefwechsel mit dem unvergleichlichen Régis Boyer zur Folge, in dem ich ihm vorwarf, diesen Autor nicht in seine *Geschichte der skandinavischen Literatur* aufgenommen zu haben, und er sich über meine Nachsicht gegenüber einem Schriftsteller mokierte, der in keinem Fall an Birgitta Trotzig, um nur ein

Beispiel zu nennen, heranreiche. Was mich nicht gehindert hat, Freunde und Bekannte mit seinen Romanen zu bestücken: Ingrid, Jean-Robert, Richard, den Koch von Chez Papa; mit Zinszahlungen an Olivier, der mich dieses Kapital hatte entdecken lassen. Usw. Die Folge war natürlich ein Schneeballeffekt, denn jeder von ihnen hat sie seinerseits wieder verschenkt. Wie mein Bruder, nehme ich mir meinen prozentualen Anteil: Jean-Robert schenkt mir *La Passion de Fjordur*, das ich mir allerdings schon selbst gekauft habe.

Als ich in der Buchhandlung Écume des pages das neueste Riel-Taschenbuch suche, stoße ich auf eine Norwegerin, Herbjørg Wassmo, deren zwei Bände vom *Buch Dina* ich regelrecht verschlinge. Bleiben mir noch acht Titel zu entdecken, doch ich gebe auf. Nach einem kurzen Abstecher in die chinesische Literatur kehre ich zwei Wochen später wieder zu den nordischen Autoren zurück. Ich lese einen Krimi von Björn Larsson, *Der Keltische Ring* (muss ich unbedingt Philippe und Jean-Robert schenken), dann *Fräulein Smillas Gespür für Schnee* von Peter Høeg. Allmählich wird es mir zu düster. Fürs Erste habe ich jetzt genug von nordischer Literatur. Irgendwann jedoch werde ich auf die erhabenen isländischen Sagas zurückkommen, damit Boyer mir verzeiht, die wirkliche Qualität von Trotzig nicht erkannt zu haben.

Was Bücher angeht, gibt es tausend Arten des Zugangs, tausend Gründe, sich für sie zu begeistern: ein Autor, ein Land, eine Begegnung, eine Gattung, besondere Umstände, ein Format, eine Laune, eine Jahreszeit, ein Haus usw. So vieles. Alles liefert einen Vorwand zum Lesen. Nichts ist gleichgültig.

Alltagstrott

Mir fällt gerade Lucas' etwas melancholischer Satz ein: »Ich lese nur Essays.« Ich selbst wechsle ab, doch die Stunden meines Lebens sind eigenartig zwischen Romanen und Essays aufgeteilt.

Historische, soziologische Essays usw., das ist mein Job. Ich »bügele sie auf«, bringe sie stilistisch in Ordnung. Kurz, ich lektoriere sie. Und ich liebe diese Lehrerinnenarbeit, die mir die Möglichkeit gibt, mich immer wieder anderen Themen zu widmen und meine Welt zu verändern. Ich mag sie umso mehr, als, ohne mich jetzt loben zu wollen, bisher wenige Autoren Anlass hatten, sich zu beschweren. Die meisten von ihnen sind meine Freunde geworden, obwohl meinem strengen Auge keine Schwäche, kein Fehler entgeht; ich stöbere wie besessen Wiederholungen auf, überflüssige Dubletten, unpassenden Jargon, Irrtümer. Es kommt sogar vor, dass ich selbst bei unantastbaren Koryphäen den Lektorenstift ansetze. Bei Gide zum Beispiel, der schon auf der zweiten Seite seiner Conrad-Übersetzung *Taifun* innerhalb von gerade mal sechs Zeilen »unelegant«, »Eleganz« und »elegant« schreibt. Das ist viel für zwei große Männer.

Nach acht Stunden schweigsamer Auseinandersetzung mit Essays sehne ich mich jedoch, auch wenn mich dieser stimulierende, amüsante Sport nach wie vor sehr begeistert, nach der Ruhe des Kriegers. Ich stürze mich in die Metro und tauche ab in meinen Roman. Abends im Bett nehme ich ihn mit Genuss wieder zur Hand, ein Genuss, der umso größer ist, als ich weiß, woraus der Stoff meiner Träume sein wird. Denn als Opfer einer Art Fluch träume ich immer von dem Essay, an dem ich gerade arbeite: Die durch meine

Schläfrigkeit entstellten Sätze geistern vor meinen Augen auf und ab. Auf wundersame und völlig absurde Weise bastele ich sie wieder zusammen. Oder aber die Buchstaben eines Kapitels verflüchtigen sich himmelwärts, um sich in einem riesigen Feuerwerk zu entladen. Ich muss das Ganze dann wieder in Ordnung bringen. Oder Christophe Prochasson, in Krawatte und Fahrradmontur, fleht mich an, das Wort »wiedergesehen« in *Die Intellektuellen, der Sozialismus und der Krieg* wenigstens einmal alle hundert Seiten benutzen zu dürfen. Ich, im Badeanzug, die Auszeichnungen für meine Verdienste im Bildungswesen zu meinen Füßen, lehne ab. Um meinen Kopf schweben wie ein Heiligenschein Seifenblasen, in denen ein mögliches Synonym wie ein Jo-Jo auf und nieder hüpft: »wöchentlich?«, »monatlich?«, »zweimonatlich?«, »vierteljährlich?« »Blatt?« »Organ?« »Bulletin?« »Periodikum?«

Auch wenn es sich dabei nicht wirklich um einen Alptraum handelt, erlaube ich mir, nach dem Frühstück den nächtlichen Druck zu vergessen, indem ich meinen Roman weiterlese, bevor ich mich wieder mit den Essays beschäftige.

Das heißt, mein Leben ist auf die eine oder andere Art vollkommen von Büchern in Beschlag genommen. Selbst beim Überqueren des Pont-Neuf lasse ich meinen Geist schweifen, indem ich eine der schönsten Stadtlandschaften der Welt betrachte. Hier entwirren und entzerren sich die Abschnitte, die mir seit dem Vorabend im Kopf herumgeistern. Hier erfinde ich den ersten, unvergesslichen Satz von tausend Romanen, die zu schreiben für mich nicht in Frage kommt. Die Brücke der Ringautobahn, zwischen der Porte de Choisy und Ivry, inspiriert mich weniger. Dennoch mag ich sie am Abend, wenn sich der auf der einen Seite gelbe, auf der anderen Seite rote Strom vor dem Kobalt eines Blaulichts öffnet (statt mir vorzustellen, dass da einer stirbt oder ein Feuer ein Gebäude verwüstet, erzähle ich mir, dass gerade ein Kind geboren wird oder ein verliebter Sanitäter zu seinem Rendezvous eilt – ein friedlicher Vorgang).

Mein Job hat auch mein Verhältnis zu Taschenbüchern gestört, die mich in meiner frühen Jugend von Verwandten und Freunden unabhängig gemacht hatten. Als ich eine Zeit lang für die Herausgabe zweier kleinformatiger Reihen verantwortlich war, hatten Taschenbücher allerdings für mich weniger befreiende als tyrannische Aspekte. Meine Dankbarkeit ihnen gegenüber war so groß, dass ich den Ehrgeiz hatte, sie makellos herauszugeben. Wochen investierte ich, um ihnen vor der Drucklegung den letzten Schliff zu verpassen. Bis man mir schließlich sagte, ich solle achtgeben, dass »darüber meine Jugend nicht draufgehe«. Nun bemühte ich mich, die kostspieligen Folgen meines Eifers zu kompensieren, indem ich wenigstens die Umschlagtexte auf so unwiderstehliche Weise formulierte, dass sich die Anzahl der potenziellen Käufer schlagartig verdoppeln würde.

In diesen gewissermaßen prähistorischen Zeiten hatte ich an allem etwas auszusetzen: an der mittelmäßigen Papierqualität, an der Schrift, die so klein war, dass man eine Lupe hätte mitliefern müssen, an dem schlechten Klebeverfahren mit der Folge, dass man bald eine Handvoll loser Blätter in Händen hielt. Ich schimpfte oft auf den Umschlag (es genügte, dass ich den einen vorzog, damit man sich genau für den anderen entschied). Ich litt darunter, dass man mir den einen Titel aufzwang und den anderen ablehnte. Kurz, da ich mit viel zu viel Herzblut an die Sache heranging, lebte ich trotz der wohlwollenden Atmosphäre im Verlag in einem Zustand permanenter Angst, Frustration, Anspannung.

Schließlich fand auch dieses Martyrium ein Ende: Während meines ersten Krankenhausaufenthalts wurde die eine Reihe eingestellt, während des zweiten die andere umdefiniert. Purer Zufall.

Da alles Übel auch seine guten Seiten hat, kann ich Taschenbücher heute wieder ganz ohne Hintergedanken schätzen. Im Laufe der Zeit sind sie robuster geworden, wenn auch immer noch kleinformatig und biegsam, und sie kommen oft ansehnlich daher. Ein Vorwurf aber bleibt: Jede neue Taschenbuchausgabe bedeutet die mehr oder weniger langsame Agonie des Originaltitels, der nun ein Leben im Lager fristen muss. Manche Bücher sind nur noch als Taschenbuch lieferbar. Wie aber könnte man bei einem schönen Anlass ein Taschenbuch verschenken, ohne Schenkenden und Beschenkten zu beleidigen?

Doch das ist ein Übel geringerer Natur. Ich liebe das bescheidene Auftreten der Taschenbücher, sie drängen sich zusammen, beanspruchen zehnmal weniger Platz im Regal als die anderen. Jean-Luc hat ein verblüffendes System für sie kreiert: zwei vertikal aufgestellte Bretter, ein horizontales. Leicht die Wand berührend, wie Hühner auf der Stange, finden die Taschenbücher sofort ihren Platz und bewegen sich die ganze Nacht nicht mehr.

Ans Bett »gefesselt«

Meine Leseerfahrungen verdanken sich großenteils dem Kranksein. Zunächst einmal einer bettlägerigen Tante, die, als erste in einer Reihe selbsternannter Lehrerinnen, mir das Lesen beizubringen beschloss. Sie war eine Nenntante, wie Familien sie damals noch adoptierten, genau besehen war sie, die ehemalige Englischlehrerin, die Großkusine meiner Großmutter (ist das nachvollziehbar?). Außer meiner Tante Madeleine, ihrer ehemaligen Schülerin, war ich wahrscheinlich die Einzige, die Madame Faure, »Tantchen«, ertragen konnte. In meinen Kinderaugen mindestens zweihundert Jahre alt, gebot sie, umgeben von Büchern und Unmengen Zeitschriften, die sie abonniert hatte, vom Bett aus über das intellektuelle Leben des Hauses, genannt »Perle«. Mein Onkel Pierre musste sofort alles stehen und liegen lassen und nach Sainte-Etienne fahren, um die von ihr bestellten Bücher beim Buchhändler abzuholen. Sobald sie die Buchstaben kannten, wurden sämtliche Vettern und Kusinen aufgefordert, das ABC aufzusagen. Die Ältesten mussten ihr vorlesen, die Heranwachsenden ihr Wissen unter Beweis stellen und die Erwachsenen hatten sich wieder mit Philosophie zu beschäftigen. In Sainte-Signole (Haute-Loire) regierte also in den großen Ferien der literarische Terror. Ich halte es für ein Wunder, dass in diesem »kulturistischen« Klima niemand beschlossen hat, für immer ungebildet zu bleiben. Da man mich auf Grund meines zarten Alters – ich war erst vier – für wenig gefährdet hielt, wurde ich kurzerhand zu Tantchens Faktotum ernannt. Meine Aufgabe bestand darin, den riesigen bestickten Saum ihres Bettlakens glattzuziehen, ihre Bücher aufzusammeln oder wegzubringen, die Kopfkissen aufzuklopfen, die Lampe näher heranzurücken oder die Vorhänge zu öffnen. Es machte mir Spaß: Sie ließ mich von ihren Geleefrüchten kosten, und zum Ausgleich las sie mir Geschichten vor, die nicht immer erbaulicher Natur waren. Nichtsdestotrotz erlag sie irgendwann ihrem pädagogischen Furor und schwor, sie würde mir vor dem Ende der Ferien noch das Lesen beibringen. In aller Unschuld schmiedete ich die Ketten meines zukünftigen Sklavendaseins und begann wie die anderen eine Zeit lang ihren Eifer zu fürchten. Zum Glück musste ich früher als geplant nach Paris zurück. Leider Gottes nahm meine Mutter, als sie merkte, wie weit ich mit dem Lesen schon gekommen war, die Sache weiter in die Hand. Und wie schon erwähnt haben mich diese unterschiedlichen Methoden so verwirrt, dass ich es niemals geschafft habe, laut vorzulesen, und insgeheim Legasthenikerin bin.

War Tantchen wirklich krank oder einfach nur alt? Nun,

gesund war sie bestimmt nicht, denn Jahre später wäre sie vor Lachen beinahe erstickt, als ich ihr erzählte, ich hätte »Wutering Eggs« verschlungen. Ich war also alt genug, um *Sturmhöhe* zu lesen, und sie war immer noch am Leben.

Zwischen diesen beiden Episoden war ich selbst öfter krank, als normal gewesen wäre, was nicht zuletzt mit Lesen zu tun hatte: Kaum hatte ich es morgens auf 39,2 Fieber gebracht, war mir erlaubt, illustrierte Bücher zu lesen, die man wahrscheinlich für weniger ermüdend hielt. Ich erinnere mich gut an das köstliche morgendliche Ritual: Meine Mutter wusch mich in meinem ungemachten Bett mit einem Waschlappen, rieb mich mit Kölnisch Wasser ab, zog mir ein frisches Nachthemd an und stopfte mich unter einem Berg Daunendecken in einen Sessel. Dann öffnete sie das Fenster und bezog mein Bett neu. Zu Wonnen wie saubere Bettwäsche, aufgeklopften Kopfkissen und frischer Luft kam das unsagbare Glück, die *Lurchi*- und *Mickey*-Hefte weiterzulesen, die ich unter der umgeschlagenen Decke versteckt hielt. Ich floss über vor Dankbarkeit, wusste ich doch genau, dass meine Mutter, eine wirkliche Tantchen-Verehrerin, diese Albernheiten verabscheute.

Später erkrankte meine Mutter an Tuberkulose. Sie ging in die Klinik und ich ins Internat. Während ihrer endlosen Antibiotika-Infusionen las sie Ponson du Terrail und Eugène Sue. *Die Geheimnisse von Paris* amüsierten sie (die Herzlose!) so sehr, dass sie ihr Repertoire verändern musste, denn ihre Lachanfälle verwandelten sich in lebensgefährliche Hustenattacken. Da ihr das Lesen nun einstweilen verboten war, beschloss sie, eine (verloren gegangene) Tragikomödie in vier Akten und Alexandrinern zu schreiben, die sie aus der *Kameliendame* und *La Bohème* für ihre Zwecke umschrieb.

Nach Ablauf eines Jahres kehrte jede von uns an den heimischen Herd zurück. Wir legten uns ein Dienstmädchen zu, eine junge Frau aus der Normandie mit feuerroten Haaren, die vorzüglich kochen konnte. Meine Mutter rührte ihre Gerichte kaum an, doch um vier Uhr nachmittags überfiel sie manchmal ein regelrechter Heißhunger. Henriette wartete nur darauf, um ihr ein Omelette mit Pfifferlingen oder ein Schnitzel in Sahnesoße zuzubereiten. Da sie erkannt zu haben glaubte, dass manche ihrer Gelüste mit den Kriminalromanen zusammenhingen, die meine Mutter las, ging sie auf dem Rückweg vom Einkaufen beim Buchhändler vorbei, blätterte die »Schwarze Reihe« durch und kaufte jeden Titel, bei dem sie auf die Worte »Sandwich«, »Wurst«, »hartgekochtes Ei« usw. stieß. Mit ein bisschen Glück würde sie für den Nachmittagsimbiss von »Madame« einen Kaninchenrücken aufwärmen können. Sie sagte immer Madame, sprach sie in der dritten Person an und behandelte sie wie eine Kultfigur, doch beim kleinsten Gewitter flüchtete sie sich in ihre Arme und flehte uns an, die Sicherungen herauszudrehen, Fenster und Fensterläden zu schließen. Meine Mutter brachte ihr dann einen Orangensaft und benetzte ihr die Schläfen.

Wenn sie die Ermittlungen des Gastronomen Vázquez Montalbán hätte kennen lernen dürfen, würde meine Mutter vielleicht noch leben und Henriette würde heute bestimmt ein Restaurant mit katalanisch-normannischen Spezialitäten betreiben.

Depression

Leseunlust ist selbst bei einem bescheidenen Leser immer ein Symptom. Der Satz »Ich habe nicht mal mehr Lust zu lesen« deutet darauf hin, dass der oder die Betreffende zutiefst niedergeschlagen, erschöpft oder voller Kummer ist.

Ich durchlebte diesen Zustand in einem Sommer, als ich mich von meinem menschenleeren Büro durch ein menschenleeres Paris zu dem menschenleeren Haus schleppte, in dem ich wohnte, und meine Abende bei abgestelltem Telefon, ausgeschaltetem Fernseher, Radio und Plattenspieler verbrachte. Ich war selbst wie erloschen. Schon beim Anblick eines Buches ließ ich resigniert die Arme sinken. Meine Kraft reichte nur noch dazu, mich zu waschen, zu essen und die gar nicht existierenden laufenden Geschäfte im Büro zu erledigen. Diese Lustlosigkeit hielt bereits drei Wochen an. Eine Veränderung meines Zustands war nicht in Sicht. Ich hatte die Schotten dichtgemacht. Ich öffnete nur noch den Mund, um »guten Tag«, »danke« und »auf Wiedersehen« zu sagen. Die kleinen Selbstbedienungsläden sind ja so bequem.

Im Büro nebelte ich mich in den Rauch meiner Gauloises ein. Eines Tages hörte ich auf dem langen Flur das Geräusch von Schritten. Guter Wachposten, der ich bin, nahm ich Haltung an, öffnete das Fenster und wartete. Es klopfte an der Tür. Davor stand ein Autor, der vorzeitig sein Manuskript abliefern wollte. Beim Versuch, mich erkenntlich zu zeigen, gab ich ein kurzes Kichern von mir. Überrascht sah er mich an: »Ihnen scheint's ja nicht besonders gut zu gehen.«

Ich antwortete nicht.

Da er etwas verlegen wirkte, stammelte ich: »Ich hab' nicht mal mehr Lust zu lesen.«

Er schüttelte den Kopf und ging. Ich empfand große Erleichterung, gepaart mit flüchtigen Gewissensbissen, und fiel wieder in meinen apathischen Zustand zurück. Erneut das Geräusch von Schritten. Derselbe Autor. Er hielt mir ein kleines verpacktes Rechteck mit dem Firmenzeichen von La Hune hin.

»Danke.«

»Machen Sie's auf.«

Es war *Das blaue Märchen und andere Geschichten* von Marguerite Yourcenar. Ich lächelte etwas gezwungen: »Danke nochmals.«

»Hören Sie, wenn man zum Lesen keine Lust mehr hat, muss man zu kurzen Geschichten greifen. Sie werden sehen, es funktioniert.«

Ich tat, als glaubte ich ihm, und drückte ihm die Hand. Er ging.

Das Buch blieb den ganzen Tag auf meinem Schreibtisch liegen. Ich nahm es mit nach Hause. Die ganze Nacht über blieb es in meiner Tasche, auch den ganzen nächsten Tag. Am übernächsten Tag kramte ich abends vor der Haustür nach den Schlüsseln. Sie lagen in der Mitte des Buches. Ich öffnete die Tür, warf das Buch aufs Sofa, nahm ein Bad, aß eine Kleinigkeit und ließ mich in den Sessel fallen. Ich schloss die Augen, griff mechanisch nach meinem Päckchen Gauloises und berührte dabei das Buch. Ich lachte, oder besser gesagt, ich gab eine Art nasalen Krampf von mir, der einem Lachen ähnelte. Dann zog ich das Buch heran und öffnete es, übersprang das Vorwort (eines jener unzähligen schulmeisterlichen Vorworte, die Marguerite Yourcenar so sehr schätzt – ich hatte also nicht gänzlich meinen Verstand verloren) und begann mit der ersten Geschichte. Gleich darauf las ich die zweite. Ich machte es mir bequem. Die Maschine funktionierte wieder. Mit jeder Geschichte wurde mein Lesehunger größer. Die Krise war vorbei. Alles begann wieder von vorn.

Auf diese Erfahrung bauend, preise ich beim geringsten Anzeichen von Depressionen in meiner Umgebung die Eigenschaften dieser wenigen Seiten, die beim apathischen Gemüt den Eindruck erwecken, einen ganzen Romanzyklus gelesen zu haben. Es geht dabei weniger um Ablenkung als um die Wiederherstellung eines gewissen Selbstbildes. Dennoch ist beim Schenken in diesem Fall Vorsicht geboten: Die grausamen *Contes de la bécasse* würden ihren Zweck verfehlen.

Komisch, jetzt suche ich vergeblich nach Namen von Autoren, die kurze Geschichten geschrieben haben. Blackout. Bestimmt eine beginnende Depression (Leider funktioniert der Trick bei mir nicht mehr!). Immerhin darf ich mich rühmen, bei den Franzosen, die sich dem Genre angeblich widersetzen, eine Renaissance der Kurzgeschichte eingeleitet zu haben. Es ändert sich zwar, doch Spaß beiseite – damit habe ich nichts zu tun. Die Franzosen werden immer depressiver.

Handbücher und Lexika

Die ersten beiden Abschnitte darf der Leser getrost überschlagen.

Es ist Juni. Ich bin im Büro. Zwischen zwei *editings* habe ich gerade nichts zu tun. Mein Blick fällt auf alte Arbeitsgefährten vis-à-vis. Den *Robert 1* (1972), den *Petit Robert 2* (1974), den *Petit Larousse* von 1993, das *Synonymwörterbuch der französischen Sprache* (klassische Ausgabe, 1994), das *Orthographielexikon* (Pluriguide/Nathan, 1986), *Problemfälle der französischen Sprache* von Thomas (Larousse, 1972), *Der perfekte kleine Sekretär* (Larousse, 1933), das *Analogiewörterbuch* (Larousse, 1980), das *Reimwörterbuch* (Garnier, 1928), *Französische Zitate* von Larousse (10. Auflage, 1985), das *Verzeichnis der Schrifttypen* (erstellt von Anne Poulain, zum internen Gebrauch, Le Seuil, 1975), das *Bildwörterbuch* von Paul Rouaix, Armand Colin, 1930.

Hinter mir befinden sich noch der Grévisse (*Stilwörterbuch*), das komplette *Verzeichnis der Kommunen in Frankreich, Algerien, den Kolonien und dem Protektorat* (Garnier, 1912), das *Verzeichnis der Postleitzahlen* (Ausgabe von 1981, herausgegeben von der staatlichen Post und dem Amt für Telekommunikation), der *Geschichtsatlas* von Stock, der *Taschenatlas* (Le Livre de poche) und der *Große Atlas* von Larousse (1985), die *Bibel* von Osty, der *Koran* (in der Übersetzung von Blachère), das *Autorenlexikon* (Bouquins – das *Lexikon der Werke*, das *Lexikon der literarischen Figuren* und das *Lexikon der Symbole* befinden sich bei mir zu Hause), das *Film- und Kinolexikon* (Tulard, Bouquins – der unvergleichliche Boussinot von Bordas ist in Ivry), zwei *Heiligenlexika*, darunter das von Georges Daix, drei alte Bände des *Verzeichnisses der lieferbaren Bücher* vom Buchhändlerring, die so schön die Internet-Daten ergänzen.

All diese Lexika und Wörterbücher haben eine Geschichte, und an der hänge ich noch mehr als an der Geschichte meiner Romane, Essays usw. Sie ist eingekerbt in ihre übel zugerichteten, aufgescheuerten, zernarbten, tätowierten, notdürftig geflickten Körper. Unmöglich, diese Bücher wegzuwerfen. Ich recycle sie. Die aufeinander folgenden Ausgaben des *Larousse* (die Bibel der Namenwörter, letzte Rettung für den professionellen Zweifler, der in depressiven Phasen die Orthographie von zehn Wörtern innerhalb von drei Zeilen nachzuprüfen im Stande ist) landen in zyklischen Abständen zu Hause, eine auf jeder Etage, in jämmerlichem Zustand. Auf einem Notenpult schwankt mein erster *Robert 1*, ohne Einband, wegen Eindringens von Flüssigkeit fast unleserlich, wellig, voller Anmerkungen, Synonyme, Zitate (die ich in mein Büroexemplar übertragen habe). Das ihm entsprechende Exemplar bei Le Seuil sieht nur unwesentlich besser aus: Weil sein Einband ganz zerfetzt war, erhielt es um 1980 einen neuen, von dem allerdings heute nichts mehr zu sehen ist, genau wie beim *Robert 2*, dessen Rücken wieder und wieder geklebt wurde. Durch häufigen Gebrauch haben sie Patina angesetzt und eine unvergleichliche Biegsamkeit gewonnen. Bekritzelt, drübergeschrieben, unterstrichen, ergänzt, hinzugefügt, vollgestopft mit Vorschriften der Académie, wetteifern sie miteinander um Effizienz. Auch mein aktueller *Petit Larousse* hat keinen Rücken mehr, und bei meinen drei Basiswörterbüchern fehlt das Titelblatt. Das *Orthographiewörterbuch* scheint Trauer zu tragen, so sieht es jedenfalls aus wegen der zwei großen Streifen wegradierter Bemerkungen, der eine oben, der andere unten.

Auf dem Rücken kann man noch zwei Buchstaben lesen. Mein armes, tapferes *Orthographiewörterbuch*, das in Form von Beilagen und Anmerkungen tausend Schätze birgt und alle orthographischen Probleme lösen hilft, denen der *Robert* feige ausweicht. Das *Synonymwörterbuch der französischen Sprache* in der klassischen Ausgabe (10 Francs) hat mein liebes altes, zerfleddertes *Synonymwörterbuch* von Tchou ersetzt (die Neuausgabe ist miserabel, voller Querverweise, die es unbenutzbar machen – ein Mythos ist vom Sockel gestoßen). Das *Reimwörterbuch* hilft mir bei Alliterationen und anderen Reimen. Das *Analogiewörterbuch* erlaubt mir, auf einen Schlag alle möglichen Pferdekrankheiten zu finden. Dasselbe gilt für das *Bildwörterbuch*, das noch einen weiteren Vorteil besitzt: Die Abbildung XV am Ende des Buches, die »das menschliche Skelett« in der heroischen Pose eines »vorwärts« schreitenden Offiziers darstellt, und die Abbildung VI, »Körper«, eine Art um Hilfe flehende Odaliske, haben mir schon unzählige Male die Möglichkeit gegeben, Freunden, denen es gerade nicht besonders gut ging, ein paar ermutigende Worte zu schicken. Ich brauchte diese Bilder nur zu fotokopieren und dem Mund der abgebildeten Figuren eine Sprechblase entsteigen zu lassen.

Diese Handbücher haben mich selbst auch verbraucht. Nach dem Lektorat der Neuausgabe der *Entstehung der modernen Wissenschaft in Europa*, das Unmengen Recherchen im *Larousse*, im *Robert*, im *Universalis* und im *Littré* erforderte, litt ich unter noch heftigeren Schmerzen als sonst.

Plötzlich wurde mir klar, warum: Acht bis zehn Stunden am Tag Wörterbücher und Lexika zu wälzen, war schon fast Leistungssport. Die Feststellung, dass meine doch eher intellektuelle Arbeit auch körperlicher Natur war, machte mich nicht wenig stolz.

Aufräumen

Das Hantieren mit schweren Handbüchern, Wörterbüchern und Lexika stärkt nicht nur meine Muskeln, sondern macht auch meinen Kopf klarer, und so spiele ich hin und wieder mit dem Gedanken, meine Bücherstapel und -berge abzutragen und aufzuräumen. Nur – ich reihe dabei ein Hindernis ans andere. Es gibt ja Leute, die etwas vom Aufräumen verstehen oder sich jedenfalls darum bemühen. Zu denen gehöre ich nicht. Und außerdem hat sich François, ich sage es ohne Groll, bei der Aufteilung unserer Wohnfläche den Löwenanteil genommen, das heißt, ich habe nur ein Minimum zur Verfügung. Und genauso konsequent, wie seine Bücher an einem einzigen Ort versammelt sind, sind meine über alle Stockwerke verteilt. Ich lese im Bett (in der zweiten Etage). Die französische Literatur, die Hand- und Reisebücher befinden sich jedoch in meinem völlig überfüllten Arbeitszimmer in der dritten Etage (die Garten- und Botanikbücher stehen auf dem Regal neben der Terrasse – fünfzehn Bücher für neun Quadratmeter, die nur am äußeren Rand bepflanzt sind). Die ausländische Literatur, Essays und der Großteil der unaufgeschnittenen Broschüren befinden sich im Zwischengeschoss der ersten Etage, zusammen mit den Kriminalromanen (die hinter dem Gästebett stehen, auch »Schmerzenslager« genannt, weil wir es manchmal als Schmollecke benutzen, oder weil einer von uns beiden zu sehr hustet und den andern nicht stören will). Die Kochbücher stehen im Erdgeschoß auf dem bogenförmigen Regal, das uns als Kredenz dient (die Kredenz selbst ist Gläsern und Tischwäsche vorbehalten). Ein paar wenige Musikbücher stehen neben der Stereoanlage. Die Taschenbücher über Fotografie befinden sich auf einem kleinen Drehgestell.

Die Bücher sind also überall verstreut, aber wir haben uns inzwischen daran gewöhnt. Wenn wir mit schwer beladenen Armen die Treppen hinauf- oder hinuntersteigen, kommen wir uns allerdings manchmal vor wie beim Strafbataillon. Denn das wirkliche Problem sind all die Bücher, die ihren endgültigen Platz noch nicht gefunden haben. Außer dem Stapel neben dem Bett belagern die gelesenen Bücher, die entweder hinauf oder hinunter sollen, die jeweiligen Treppenstufen nach oben oder nach unten. Der steile Treppenaufstieg zu meinem Arbeitszimmer wird dadurch auf gefährliche Weise verengt, und der kleine Treppenabsatz neben dem Einbauschrank ist geradezu unpassierbar. Bücher quellen von Stühlen, dem unteren und oberen Teil der Möbel. Selbst das Badezimmer bleibt nicht von ihnen verschont. Dort liegt jeweils das Buch, das ich lese, wenn ich nicht einschlafen kann oder zwischendurch wach werde und keinen Schlaf mehr finde.

Mit nur ein bisschen Disziplin, einer kleinen wöchentlichen Aufräumaktion, ließe sich Abhilfe schaffen, doch stets gibt es Besseres zu tun. Lesen zum Beispiel. Von Zeit zu Zeit überfällt mich dennoch eine regelrechte Aufräumwut. Dann bitte ich François, Regalteile zu bestellen, die man selbst zusammenbauen kann. Gesagt, getan. Sind sie da, stehen sie erst einmal Monate zusammengebunden herum, bevor ich mich ans Werk mache. Zu meiner Rechtfertigung sei jedoch festgestellt, dass man die heutigen Regalsysteme von oben her zusammenbaut und ich nicht schwindelfrei bin. Das kam ganz überraschend mit dem

Alter. Früher konnte ich problemlos über die Stadtmauer von Nauplia laufen. Und gestern blieb ich im Wald von Fontainebleau wie versteinert auf einem Felsen stehen, der kaum fünfzig Zentimeter hoch war. Heute wage ich nicht mehr, auf einen Schemel zu steigen (bringe es aber fertig, mich auf einen Rollsessel zu hieven und mich beim Anbringen einer Gardinenstange in meinem Arbeitszimmer im dritten Stock im Kreis zu drehen).

Gelegentlich helfen mir regelrechte Anfälle von Ordnungswut, meine Faulheit oder meine Angst zu überwinden. Der Entschluss ist stets spontan, die Ausführung folgt ihm auf dem Fuß, ist jedoch nie gut mit dem potenziellen Anlass koordiniert. So hat mich zum Beispiel die bevorstehende Lieferung eines neuen Heizkörpers gezwungen, den Platz drumherum von einer eklektischen Mischung aus illustrierten Bänden von Benjamin Rabier, von Dissertationen, Zeitschriften, Ordnern mit Artikeln usw. zu befreien. Da sich der Liefertermin noch in weiter Ferne befand, gewährte ich mir drei volle Wochen Zeit, um das Terrain, das der Installateur benötigen würde, freizuräumen. Das heißt, ich fing am Abend davor mit dem Aufräumen an. François würde am nächsten Tag aus Lille zurückkehren. Um Punkt zehn Uhr abends legte ich los. Ich sortierte aus, verteilte, legte ab, lief hundertmal die Treppen hinauf und hinunter. Um Mitternacht war ich fertig. Ich duschte und legte mich ins Bett. Dann las ich noch ein Stündchen und warf zwischendurch immer wieder zufriedene Blicke auf den jetzt schön leeren Platz neben dem Heizkörper. Kurz bevor mir die Augen zufielen, merkte ich, dass die Schranktür aufstand. Ich machte sie zu und legte mich wieder hin. Da fiel mir auf, dass auf dem Sessel noch Kleidung lag. Ich räumte die Sachen weg und legte mich wieder hin. Da bemerkte ich über dem Heizkörper so etwas wie den Feuerstrahl einer Ariane-Rakete. Ich ging hinunter, um einen Eimer, Gummihandschuhe, einen Haushaltsschwamm und Meister Proper zu holen.

Das Entfernen der gelben Spur lief auf die Reinigung fast der gesamten Wand hinaus. Ausnahmsweise war ich so geistesgegenwärtig, beim oberen Teil unseres monumentalen Spiegels aufzuhören, ich beschränkte mich auf einen ziemlich hellen, drei Meter langen und zwei Meter hohen Streifen, der Rest durfte seine Patina aus Staub und Nikotin bewahren. Dann räumte ich meine Putzutensilien weg und duschte noch einmal. Ich legte mich wieder hin, stand wieder auf, um meinen Morgenmantel aufzuheben, ging wieder ins Bett. Der Gesang eines Vogels (es war die Lerche und nicht die Nachtigall) hinderte mich am Schlafen. Also las ich einfach *Mit Krebs leben* zu Ende. Danach frühstückte ich und flitzte ins Büro. Wenigstens einmal war ich pünktlich um 8.30 Uhr da.

Allgemeine Pathologie des Lesers

Einem Schwerstarbeiter vergleichbar, belastet sich der Leser gern mit seinen Büchern: zum Beispiel mit der *Reise in den Orient* in der Bouquins-Ausgabe, die er unbedingt zu Ende lesen will, mit dem *Lexikon der Höflichkeit und der Lebensart* von Alain Montandon, das er endlich beginnen will, oder mit der *Präsidentin* von Clarín, auf deren Erwerb er gerade so stolz ist. Kurz, mit – vorsichtig geschätzt – drei Kilo Bücher über der Schulter oder im Rucksack, macht er sich das Rückgrat vom zweiten Halswirbel bis zum Steißbein kaputt und beschert sich in Null Komma nichts eine Skoliose. Ganz abgesehen von der Zervikalarthrose, die jedem Leser, der sich über ein Buch beugt, blühen kann. Und den rauen Schwielen, den Hautkrankheiten, die entstehen, wenn man die Ellbogen ständig zu fest auf den Tisch stützt.

Lesen ist nicht nur riskant, sondern geradezu eine Invalidität fördernde Leidenschaft. Es macht schwerhörig (»Wenn du fertig bist mit Lesen, könntest du dann bitte einen Salat besorgen?« – » ... «). Nur das wütende Pfeifen des Schnellkochtopfs vermag den Leser aus seiner selbstgewählten Taubheit zu reißen. Doch dass die Karotten anbrennen, lässt ihn unbekümmert (Syndrom temporärer Anosmie).

Lesen macht schlaflos. Ein Leser verpasst lieber ganz bewusst den »Zug, der in den Schlaf führt« (er soll nur alle zwei Stunden fahren), als sein Kapitel nicht zu beenden. Um seine »bessere Hälfte« nicht zu stören, setzt er sich auf den Toilettensitz oder aufs Bidet (ich persönlich habe einen Sessel ins Bad gestellt), vergisst die Zeit und lässt die Nacht über dem Umblättern der Seiten vergehen. Er wird immer behaupten, dass er, weil er nicht habe schlafen können, bis zum Morgengrauen gelesen habe und niemals zugeben, dass das Lesen ihn um den Schlaf gebracht hat.

Der Leser ist im Stande, sich beim schwachen Schein einer Taschenlampe, einer Straßenlaterne, einer Kerze, bei blinkendem Neonlicht oder dem Standlicht des Autos die Augen zu verderben. Oft braucht er schon in jungen Jahren eine Brille.

Der Leser ist emotional. Lachen und Weinen liegen bei ihm nahe beieinander. Ich musste mich hinter *Ein Spaziergang im Hindukusch* von Eric Newby verstecken, um meine Heiterkeit zu verbergen (und ganz nebenbei auch noch meinem Nachbarn den Titel dieses Wunderwerks zu offenbaren). Ich schäme mich nicht meiner Tränen, wenn ich etwas Trauriges lese; stirbt der Held, hört auch mein Herz auf zu schlagen.

Der Leser ist wankelmütig, er reiht den Klassiker an den Kriminalroman, das soziologische Werk an ein Reisebuch, den historischen Bericht an das Kochbuch, den Briefband an die Saga. So habe ich in der letzten Septemberwoche des Jahres 1996 nacheinander gelesen: *Beowulf*, *L'homme aux cercles bleus* von Varga, *L'Échapée belle* von Bouvier, *Grenz-*

gänger von Cormac McCarthy und die *Briefe aus Ägypten* von Lady Duff-Gordon.

Wie schafft es der Leser, das alles zu speichern? Er speichert gar nicht. Er leidet an Amnesie. Das eine kommt, das andere geht. Um den Schaden zu begrenzen, schreibt er sich jeweils auf, was er gerade gelesen hat. Und vergisst über Wochen hinweg, die Liste zu aktualisieren, wird sich somit nie mehr erinnern, in welchem Roman er die erstaunliche Kritik der Ausstellung »Das Geschlecht der Kunst« gelesen hatte. (Ah, gerade fällt es mir ein, es war in *Moloch* von Thierry Jonquet). Er hat vergessen, worum es in *Die Stimmen des alten Meeres* von Norman Lewis ging, hat nur noch eine vage Erinnerung an *Der Mensch ist ein großer Fasan auf der Welt* von Herta Müller. Nutzlos, das weiter ausführen zu wollen: Süskind hat all das ganz hinreißend in einem Beitrag beschrieben, der in ... erschienen war?, wiederabgedruckt wurde in ... ? Ich schwöre, ich mache es nicht absichtlich. Ich habe ein Blackout. Und es ist unmöglich, das Buch in meinem Saustall wiederzufinden. Aber Liliane wird mir gleich aus der Patsche helfen.

Und in der Tat, sie hat es sofort herausbekommen: Der Beitrag heißt »Literarische Amnesie«, war im Dezember 1987 in dem nur kurzlebigen »Journal littéraire« erschienen und nachgedruckt worden in *Un combat et autres récits*, Fayard, 1997.

Indiskretion

Auch wenn er körperlich robust genug ist, um – zusätzlich zu allem Übrigen – mehrere Bücher in seiner Tasche zu transportieren, ist der Leser in psychischer Hinsicht oft labil beziehungsweise krankhaft empfindlich. Ich jedenfalls.

Zum Beispiel ertrage ich es nicht, wenn jemand den Titel meines Buches begafft und der Blick dieser indiskreten Person auch noch jene schreckliche Gewissheit ausdrückt »Sage mir, was du liest ...« (blödes Paukergehabe!). Es mag noch angehen, wenn man ganz in *Le Maître des paons* versunken ist (»Ah, Sie mögen Tiere«) oder in die *Briefe an Nelson Algren* von Simone de Beauvoir, aber wie soll man, wenn man den neuesten Roman von Patricia Cornwell in Händen hält, klarstellen, dass man eine grundsätzliche Abneigung gegen Kriminalromane hat, besonders gegen solche wie diesen da, und dass man erst mit Anfang fünfzig, aus rein beruflichem Interesse versteht sich, Krimis zu lesen begonnen hat (inzwischen aber die ganze verlorene Zeit eingeholt hat).

Ganz gleich, ob ich den Titel nun offenbaren will oder nicht, meine Verärgerung ist in beiden Fällen gleich. Ich erinnere mich noch voll Zorn an die »angenehm überraschte« Miene von Régis, der *Liebe, Tod und Teufel* von Mario Praz aus meiner Tasche herausragen sah (das war 1977, wie ein Brief von Cyrille und ein zwischen den Seiten liegender Kontoauszug belegen). Ich mochte Régis gern, doch wie habe ich seinen beredten Blick – »Für eine kleine Azubi ...« – gehasst, der mein Buch in eine kulturelle Eintrittskarte verwandelt hat.

Kurz, selbst wenn man »erhabene« Literatur liest, rechtfertigt man sich; gerade so, als schäme man sich, beim Naschen erwischt zu werden, meint man, gleich hinzufügen zu müssen, dass man auch karibische Blutwurst mag.

Bedrängt von inquisitorischen oder neugierigen Blicken – selten sind sie wohlwollend – gibt man vor, sie nicht zu spüren, doch gleichzeitig tut man nur noch so, als würde man lesen. Man verliert den Faden und schimpft innerlich vor sich hin. Dabei ist man vom Schlimmsten noch verschont, der furchtbaren Frage nämlich: »Was lesen Sie denn da Schönes?«, unweigerlicher Auftakt zum »Aufreißerspiel«. Dann gibt es nur zwei Möglichkeiten: Entweder der Anmacher sieht aus wie ein halber Kretin, einer, der beim Lesen nie über den Metroplan hinausgekommen ist, oder er trägt die selbstgefällige Miene des Elitestudenten zur Schau, der auf eine einfache Abiturientin herabblickt.

Ebenso wenig ertrage ich es, wenn man über meine Schulter hinweg mitliest. Das ist, als wolle der oder die Betreffende zu mir in die Badewanne steigen. Beleidigt ob dieser unerträglichen Promiskuität lasse ich das Buch sinken. Man hat mir die Suppe versalzen, die Wörter werden zu konzentrischen Kreisen, die Sätze beginnen zu flackern, alles verblasst.

Unvorstellbar auch, dass jemand mein Buch befummelt: Das ist, als würde in meinen Sachen herumgewühlt. Selbst von François lasse ich mir das nicht gefallen.

Ich weiß, dass ich damit wie eine kratzbürstige, prüde und hysterische alte Jungfer wirke. Doch ich kann daran nichts ändern. Es ist stärker als ich. Solche Vertraulichkeiten haben für mich etwas schmutzig Voyeuristisches, etwas, das weniger mit Sex als mit Intimität zu tun hat.

Nichtsdestotrotz praktiziere ich selbst all das, was mich bei anderen auf die Palme bringt oder mich verletzt. Meine Ungeniertheit kröne ich noch mit perfekter Heuchelei (jedenfalls sofern meine Kurzsichtigkeit dies zulässt): Mit gleichgültiger Miene setze ich meine Brille auf, blicke ganz woanders hin und schiele aus dem Augenwinkel, mit unbeteiligtem Gesichtsausdruck, auf den Titel, der sich – theoretisch – auf dem oberen Teil des Buchumschlags befindet, und ergehe mich in groben Mutmaßungen, wilden Analysen, vagen Überlegungen. »Sieht gar nicht so blöd aus, aber um *S.A.S. Schwarze Gedanken* zu lesen, muss man wirklich total bescheuert sein.«

Verreisen

In ein paar Tagen werde ich entweder in Urlaub fahren oder ins Krankenhaus (es hängt davon ab, was man mir morgen im Institut Curie mitteilen wird). Was nichts mit Büchern zu tun hat. Nur so viel: Ganz gleich, ob man vorhat, sich bräunen oder zerschnippeln zu lassen, man hat immer zu viel Proviant in der Tasche.

Oft ist das erste Buch, das man auswählt, entscheidend. Dima hat sich folgende Regel zu eigen gemacht: Sie nimmt immer ein Buch mit, das sie schon zu lesen begonnen hat. Ich tue es ihr nur selten nach, aber es ist eine kluge Strategie, vor allem bei Leuten wie mir, die sich bei jeder Gelegenheit fragen: Warum hier? Warum jetzt? Unweigerlich muss ich an *Was mache ich hier?* denken. Zumal ich gerade *Die Spur nach Feuerland* gelesen habe, wo Sepúlveda, mit etwas zu viel Selbstgefälligkeit, das Verschwinden der berühmten kleinen Moleskinhefte beweint, die Chatwin so liebte. Zwar ist der Papierladen in der Rue de l'Ancienne-Comédie durch ein Klamottengeschäft ersetzt worden, aber ich finde sie noch bei Queinec in der Rue Grégoire-de-Tours, und gestern erst habe ich sie bei »Get A Pen« in der Rue Dauphine im Schaufenster liegen sehen.

Doch zurück zum Thema Ferienbibliothek. Theoretisch wäre es *die* Gelegenheit, all die ungelesenen Bücherberge einmal abzutragen. Aber ach! Im Laufe der Monate sind die Stapel zusammengefallen, haben sich miteinander vermischt; manche Titel haben ihre Frische verloren. Dennoch ist immer noch genug da, um drei Monate mit Lesen zu füllen.

Die endgültige Auswahl der Ferienlektüre hängt ab vom

jeweiligen Transportmittel, der Dauer des Aufenthalts, dem Urlaubsziel sowie den Mitreisenden. Ich habe übrigens erfahren, dass ein berühmter Seefahrer den Mitgliedern seiner Mannschaft nicht mehr als höchstens 172 Seiten mitzunehmen erlaubt hat. Die Bibliophagen unter ihnen nahmen demnach nur den Text mit, Umschlag, Einband und anderes Überflüssige rissen sie herunter. Die Bücher wurden reihum gelesen, und derjenige, der ein Buch als Letzter las, musste die Blätter ins Meer werfen, um das Gewicht an Bord zu reduzieren. Zum Glück fahre ich keine Segelregatten mit, und die Skipper aus meinem Bekanntenkreis sind allesamt hedonistische Leser. Nichtsdestotrotz wissen alle, dass man auf einem Schiff nur begrenzt Platz zur Verfügung hat. Die Anzahl der Bücher, die man mit an Bord nehmen will, ist demnach Gegenstand subtiler Verhandlungen und vor allem heimtückischen Kalküls, denn man weiß, dass sie in schmutzigem Zustand zurückkommen werden. Ich erinnere mich, wie sich die ganze Mannschaft einmal im Sommer den *Wind Paraklet* von Tournier und *Deux Années sur le gaillard d'avant* von Dana gewünscht hatte. Dass ein anderes Mal ich die Einzige war, die entlang der Nördlichen Sporaden an der *Reise eines Botanikers* von Tournefort und der *Reise zum Mittelmeer* von Thévenot Gefallen fand und dass François uns verwöhnte, indem er uns die *Annalen* des Tacitus beim Schein der Sturmlaterne vorlas. Ich erinnere mich auch, dass ich sehr wütend wurde auf Armelle, weil sie meine *Wege und Umwege* in ein Herbarium verwandelte und das ohnehin schon ziemlich mitgenommene Exemplar damit vollends zu Grunde richtete.

Wesentlich einfacher ist es, wenn man zu zweit in Urlaub fährt: Man verstaut eine Kiste mit Büchern im Kofferraum und fischt jeweils nur das heraus, was man lesen möchte. Nach der Ankunft räumt jeder von uns seine Bücher in seine eigene Ecke, was nicht heißt, dass wir sie nicht untereinander austauschen (»Hast du das ausgelesen …«, »Würdest du mir's mal ausleihen ...«). Das Lustige dabei ist, dass man im Allgemeinen nicht die Bücher liest, die man mitgenommen hat, sondern diejenigen, die man am Urlaubsort kauft (interessant, dass die Buchhandlung Dante in Palermo mehr französische Bücher zu bieten hat als ganz Ouessant). Oder die man auf den Bücherregalen der Ferienwohnung vorfindet (der letzte Titel geht ausgelesen per Post zurück). Die schlimmste Vorstellung ist die des vagabundierenden Lesers: Wenn man sein Gepäck von Insel zu Insel schleppen muss, überlegt man sich zweimal, ob man dieses oder jenes Buch wirklich einstecken soll. Da fällt mir ein, dass der *Koloss von Maroussi* in mir die unbändige Lust weckte, trotz des Obristenregimes nach Griechenland zu fahren, was Jean-Marie mit dem Satz kommentierte: »Annie ist auf dem Platz der Verfassung gesichtet worden – am Galgen.«

Um das Gewichtsproblem zu lösen, kam ich einmal dank Catcam auf einen genialen Trick: Ich habe den ganzen Verlag Le Seuil nach Fahnenexemplaren der Bücher durchsucht, die im September erscheinen sollten. In diesen Ferien blieb ich von Rückenschmerzen verschont: Wenn das Buch, das ich lesen wollte, zu dick war, riss ich einfach meine Tagesdosis ab und tat es den tapferen Matrosen nach, nur dass ich meine gelesenen Seiten nicht ins Meer warf, sondern in öffentlichen Abfallcontainern verschwinden ließ. Bei meiner Rückkehr spielte ich mich damit auf, alle Neuerscheinungen des Verlags schon gelesen zu haben.

Natürlich läuft dieses System der *in situ*-Methode zuwider, die darin besteht, dass man, wenn man zum Beispiel nach Österreich fährt, sich die gesamte österreichische Literatur einverleibt. Ein Ansatz, der zwar ein wenig redundant, aber nicht uninteressant ist (welche Wonne, Schnitzlers *Der Weg ins Freie* in den terrassenförmigen Gärten des Belvedere zu genießen). Nichtsdestotrotz bleibt meine venezianische Bibliothek (mehrere Regale) in Paris. Und mit Blick auf die Giudecca lese ich am liebsten *Des Sommers ganze Fülle* von

Laurie Lee oder *Vogelmädchen. Eine Geschichte aus dem Tropenwald* von Hudson. Wie gern würde ich wieder einmal nach Venedig fahren! Mir wird ganz weh ums Herz.

Widerruf

Mir wird umso weher ums Herz, als ich seit heute Morgen weiß, dass ich statt in Urlaub zu dürfen in die Klinik muss (Krankenhauskoller). Auch wenn mich kein gewöhnliches Krankenhaus erwartet, sondern die schicke, etwas prätentiös wirkende Frickmann-Klinik (kitschige Kopien von van Gogh-Gemälden, aber echte Aluminium-Bestecke, die selbst der Schinken mit Püree platt drückt; ich nehme immer meinen Schraubenzieher und Leim mit, um die Treibriegelverschlüsse der Fenster in Ordnung zu bringen und im Bad die Kleiderhaken wieder festzukleben). In diesen befestigten Lagern ist mehr als anderswo Eigenständigkeit gefragt. Außer der Werkzeugtasche, meinem Kulturbeutel, dessen Inhalt jegliches Mitleid vereitelt, einer ganzen Reihe von Kleidern, die dazu angetan sind, jedes menschliche Wrack in ein akzeptables Wesen zu verwandeln, dem Radio und der Kassettenbox (Billie Holiday, Monteverdi, Schubert), dem Reisescrabble, den Aquarellen, Zeichenblöcken, Pastellfarben und Mehl (falls ich Lust bekomme, mir zwischen zwei Arztvisiten einen Salzteig zu kneten – unbedingt daran denken, dem Arzt *Ein Händchen für Anatomie* zu schenken) nehme ich auch noch ein Dutzend Bücher mit. Obwohl ich aus Erfahrung weiß, dass ich lieber Bücher lese, die man mir als Geschenk mitbringt oder die ich mir kommen lasse. Wie sehr habe ich *Nouvelles en trois lignes* von Fénéon geliebt, das mein Bruder mir mitgebracht hatte. Inzwischen hat seine Verlobte Pascale eine Ausgabe davon illustriert, ebenso unheimlich wie unwiderstehlich. Kurz vor Weihnachten 1996 habe ich zehn Exemplare gekauft und eines davon Christine zur Hochzeit geschenkt – was ich im Nachhinein bereue: Es geht darin um Betrunkene, die sich an Frauen und Kindern vergreifen und sie abmurksen; aber wenn einem ein Buch gefällt, setzt manchmal der gesunde Menschenverstand aus und man verliert den Sinn dafür, bei welcher Gelegenheit es sich zum Verschenken eignet.

Was soll ich mitnehmen? Ich fühle mich ein bisschen durcheinander, bin nicht im Stande zu organisieren. Also werde ich die Entscheidung wohl in letzter Minute treffen. Hektisch, nervös, zehnmal umgestoßen wird sie zu Aufregung und Tränenausbrüchen führen.

Doch einmal wenigstens bin ich vernünftig und beschränke mich auf *Die Goldgräber* von Jonquet, *Raimundo im Land Tatipirun* von Graciliano Ramos, den *Tunnel* von Sabato und *Kurtz* von Jean-Marc Aubert. Beim Aufbrechen hat Cadouin mir noch den *Vorleser* geschenkt. Und was für eine schöne Aussicht, mich bald auch noch über »La Maison de Marie-Claire« und »Elle-Décoration« hermachen zu dürfen!

Auto

Selbst unser Auto, das stets ein Schiebedach hat, quillt über von Büchern. Wohin man schaut, zweckgebundene Titel: der blaue oder grüne Guide zu den potenziellen Reisezielen (wir wissen nie im Voraus, wohin es uns letztendlich verschlagen wird), ein alter Michelin, den Jean-Robert uns aufgeschwatzt hat, ein Vogelkundebuch von Delachaux und Niestlé und die kleinen Naturführer von Gründ (*Wald- und Wiesenpflanzen*, *Gebirgsblumen*, *Wildwachsende essbare*

Pflanzen) und *Blumen am Wegesrand* von Bordas. Denn Blumensträuße gehören bei uns zum Reisen – Catherine Valabrègue nennt sie »Zahnputzglasbouquets«. Und ich möchte immer gern wissen, was sich da in meinem Glas eigentlich befindet. Nicht vergessen, diesmal ein enzyklopädisches Wörterbuch mitzunehmen: Meist stellen wir einander gerade beim Autofahren die seltsamsten Fragen.

Im Kofferraum verstauen wir die Kiste, die uns als Bibliothek dient; auf den Rücksitz werfen wir wild durcheinander Wochenmagazine und Tageszeitungen, die beim Fahren herumflattern, sowie die Bücher, die wir gerade lesen und deren Blätter vom Wind aufgeweht werden. Unser Twingo (klein und überdies noch von scheußlicher Farbe) bietet nämlich keinerlei Möglichkeit, Bücher zu verstauen (anderes im Übrigen auch nicht – der Inhalt des Handschuhfachs ergießt sich beim Aufklappen auf die Füße, und die Einstecktaschen in den Türen reichen gerade mal für fünf Packungen Gauloises). Regelmäßig nehme ich mir vor, eine Art Zeitungsständer oder Büchersack zu besorgen, der das Schlimmste verhindern könnte (zum Beispiel sich beim Fahren umzudrehen, um die »Libération« wieder auf den Boden zu drücken, die sich sonst auf der Autobahn heimlich davonzustehlen droht).

Unser Auto beherbergt natürlich auch eine ganze Reihe Stadtpläne von Paris und Umgebung, Atlanten und Karten. Obwohl ich dank meiner Kurzsichtigkeit bisher von Presbyopie verschont blieb, bin ich unfähig, diese Karten zu benutzen. Ich drehe und wende sie, um zu sehen, wo wir uns befinden, lese auf der Rückseite die Namen von Kuhdörfern und verliere bei jedem Falten von Neuem den Überblick. Ein einziges Mal habe ich Navigator gespielt, und prompt sind wir auf einem Bauernhof gelandet. Also haben wir unsere alten unvorsichtigen Gewohnheiten wieder aufgenommen: François am Steuer, den Blick auf den am Lenkrad lehnenden Atlas gerichtet, und ich, ihn gemein beschimpfend

(»Hättest du nicht zu Hause auf die Karte gucken können?«) oder brummend (»Lesen oder fahren ...«) daneben. Was für eine Megäre! Einmal habe ich die Karte zerrissen, die Jean-Robert alle fünf Minuten konsultierte, um zu sehen, ob die Reiseroute, die er zuvor haarklein ausgebrütet hatte, noch stimmte. Da hat er sich umgedreht und mir eine gescheuert. Ja, der so schüchterne, komische Jean-Robert hat mir einfach eine gescheuert! Die anderen Mitreisenden (François, Olivier und Piero) zuckten zusammen, wie versteinert vor Angst, ich könnte jetzt aus dem fahrenden Auto springen. Doch ich setzte nur meine Gorgonen-Miene auf, wobei mir allerdings durchaus bewusst war, dass ich eine Grenze überschritten hatte. Als wir in Vaison-la-Romaine ankamen, strebte unsere kleine Truppe verlegen auseinander, Jean-Robert an der Spitze, ich ganz hinten. Nur Piero pendelte zwischen uns hin und her und flüsterte jedem von uns zu: »Du hast ganz Recht gehabt.« Als wir an einem Zeitungsladen vorbeikamen, kaufte ich eine Karte des Geographischen Instituts und trat den Canossa-Gang an. »Die« Ohrfeige hat Jean-Roberts Ruhm nur noch vergrößert: War der Vorfall doch ein Beweis dafür, dass dieser weltliche Heilige es geschafft hatte, mich Hexe zu zähmen. Nicht ohne Hintergedanken überlässt er es immer mir, diese Anekdote zu erzählen.

Hotel

Kurzer Rundblick über das Zimmer und die Aussicht, die es bietet. Mein Kommentar »Ja, sehr gut« bedeutet entweder, dass alles perfekt ist (höchst selten), dass man es herrichten kann oder dass es mir egal ist (auch höchst selten). Was meine Ansprüche angeht, habe ich im Übrigen schon große

Abstriche gemacht: Da mir bewusst ist, dass ich nirgends absolute Dunkelheit oder wirkliche Ruhe erwarten darf, wappne ich mich mit Augenbinden und Ohropax.

Bleibt die heikle Frage, wie man sich den Raum am besten zu Eigen macht. Wir gehen nach einer Strategie vor, die mal einfach und mal komplizierter ist. Die einfache Version besteht darin, das Zahnputzglasbouquet auf den Schreibtisch zu stellen, der auch als Frisierkommode dient, die Betten nebeneinander zu schieben und auf beiden Seiten die Nachttische zurechtzurücken, Bücher darauf zu deponieren, die Makramé-Zierdeckchen und die Tagesdecken aus grüner Chenille wegzunehmen, den Koffer mehr oder weniger auszuräumen und Kulturbeutel und Schlafanzüge ins Badezimmer zu tragen. Schließlich aufs Bett zu sinken und kurze, nervöse Blicke zum Fenster zu werfen, als könne die Aussicht jeden Moment verschwinden.

Die komplizierte Version besteht darin, das als Zusatzbett dienende Sofa in den Flur zu stellen, die Betten gegenüber vom Fenster zu platzieren, den Schrank zu verschieben und dann zu merken, dass er den Lichtschalter blockiert. Und wieder von vorn zu beginnen. Darauf das Zahnputzglasbouquet umzustoßen, es nicht zu schaffen, die Bücher und Aquarellblöcke so hinzulegen, dass sie nicht herunterfallen, den Koffer ganz auszuräumen und festzustellen, dass im Schrank nur ein Kleiderbügel hängt. Schließlich aufs Bett zu sinken, zu lesen versuchen und dabei misstrauische Blicke um sich zu werfen. Aufzuspringen, um nachzuschauen, ob der Fleck da an der Wand wirklich nur eine Mücke oder etwas anderes ist, und sich zur Strafe dafür die Kniescheibe an der Bettkante zu stoßen.

Müßig zu erwähnen, dass François moderne Hotels mit einem Nachttisch-Bett-Ensemble an der Wand vorzieht.

Auch wenn man es noch so sehr umräumt, es sich selbst vollkommen aneignet, ein Hotelzimmer will mangels Regalen einfach nicht so recht zu den Büchern eines reisenden

Paares passen, bei dem jeder der Partner Skrupel hat, den kleinen Schubladensekretär für seine Zwecke zu beschlagnahmen. François und ich teilen das Territorium jeweils stillschweigend auf. Ich meckere, wenn seine enormen Architekturbände in mein Terrain hereinragen. Und fühle mich kleinlich. Also machen wir einen Stadtrundgang, gehen bei der Buchhandlung vorbei und kehren mit ein paar neuen Titeln ins Hotel zurück. Gerade in den Ferien ist es von größter Bedeutung, aus dem Vollen lesen zu können!

Vorwegnahme

Bevor sie ein Buch beginnt, liest Anne immer den Schluss. Diese Barbarin! Mir dagegen verdirbt allein schon die Lektüre des Inhaltsverzeichnisses die Lust weiterzulesen, und die neue Mode, es an den Anfang zu stellen, wie in Amerika üblich, macht mich ganz krank. Warum sollte man eine Biographie über Marie-Antoinette lesen, wenn man von vornherein weiß, dass sie unter der Guillotine sterben wird und nicht als Opfer eines Infarktes, der sie beim Verteilen von Brioches ereilt? Kurz, seit ich mich von dem tröstlichen Satz »Und sie lebten froh und glücklich bis ans Ende ihrer Tage« emanzipiert habe, will ich nicht mehr wissen, wie ein Buch ausgeht. Wenn ich gleich den letzten Satz der *Engen Pforte* gelesen hätte – »Eine Dienerin trat ein und brachte die Lampe« –, hätte ich dann das Buch überhaupt zu lesen begonnen?

Aus demselben Grund verabscheue ich Vorworte oder Kritiken, die Geschichte und Stil eines Buches vorwegnehmen. Es reicht schließlich, zu erfahren, dass auf die Erhabenheit von César Biroteau der völlige Verfall folgt. Aber alles wird verraten. Und der Spaß an der Lektüre ist dahin.

Mit zunehmendem Alter hat sich diese Abneigung in eine regelrechte Phobie verwandelt. Und wie alle, die an Phobien leiden, gebe ich meinen Befürchtungen und Ängsten fleißig Nahrung. Ich hasse Spinnen so sehr, dass ich sie nur noch als *rontes* (Familienkauderwelsch) oder als »Unbenennbare« bezeichne, nach dem Vorbild meiner furchtlosen Großmutter, die Schlangen nur »lange Tiere« nannte. Und was kommt dabei heraus? Dass kein Tag vergeht, an dem man mir nicht irgendeine Tarantel-Kopulation beschreibt, an dem ich nicht im Larousse auf die Zeichnung einer Kreuzspinne stoße oder mit dem Telefonbuch ein Spinnenbaby zerdrücken muss. Genauso passiert es mir beim Lesen immer, dass mein Blick vagabundiert, vorgreift, nach eingeschobenen Sätzen späht, nach Abschnitten, Dialoge ankündigenden Strichen. Solche Striche sind gemein, weil sie die Aufmerksamkeit von der linken auf die rechte Seite lenken. Auf der linken, geraden Seite führt der einsame Wanderer in der Steppe Selbstgespräche. Ich meine bereits, ein ganzes Kapitel mit geistigen Höhenflügen à la Victor Hugo vor mir zu haben, als mein Blick von einer Reihe Striche auf der rechten, ungeraden Seite gefesselt wird, die eine Begegnung, eine Rückblende auf ein Bewerbungsgespräch, eine Einkaufsliste erahnen lassen. Meine Gedanken galoppieren, mein Herz klopft heftiger. Ich presse meine Hand auf die verfluchte Seite, verbiege mein Buch. Und kann Cormac McCarthy, der in den *Verlorenen* auf alle Striche verzichtet hat, nicht genug danken, ebenso seinem französischen Verleger, der sich diesem Diktat gebeugt und sich beim Verband der Korrektoren alle Sympathien verscherzt hat. Ich verfluche den konformistischen Setzer, der *Land aus Glas* von Baricco, das voller eingeschobener Sätze ist, mit Unmengen von schön fetten »Minuszeichen« verunziert hat. Die Seiten 218 bis 228 sind am schlimmsten, da wird einem ganz schwarz vor Augen. Oh ihr tyrannischen Faktoren, warum habt ihr nicht gemogelt und uns die vielen Striche erspart, die den Eindruck vermitteln, als sei dieser lange Monolog nicht ins Französische, sondern ins Morsealphabet übersetzt worden!

Auch nach Großbuchstaben suche ich die Zeilen heimlich ab. Immer noch schreitet der einsame Wanderer durch die Steppe. Wenn ich jetzt an weit auseinander liegenden Stellen zwei »L's« ausmache, stelle ich mir vor, er habe Lacan getroffen oder sei in Lettland gelandet. Ich verliere mich in Mutmaßungen, bevor ich zu der Passage komme, die mir die Wahrheit offenbart: Der Held öffnet sein Laguiole-Messer, um sich ein Stück von der linken Ohrmuschel abzuschneiden, die von Brand befallen ist. Das ist alles. Unterdessen habe ich, weil ich unbedingt wissen wollte, was es mit diesem »L« auf sich hat, zwei Abschnitte übersprungen.

Bei Essays leide ich vor allem an den von Sigeln und Abkürzungen ausgesandten Signalen, unübersehbaren Großbuchstaben wie IRA, NATO, UNICEF, OECD, UNO, die wie Neonlichter in der Dunkelheit blinken. *Das Jahrzehnt Mitterrand* von Favier und Martin-Roland zum Beispiel, dritter Band: Man lese Seite 127 und sage mir ehrlich, ob die vielen PTT's nicht aufdringlich wirken.

Das Problem der typographischen Zeichen besteht darin, dass sie immer auffallen, dass sie immer, wenn sie auftauchen, unwillkürlich den auf die linke Seite gerichteten Blick auf die rechte ablenken. Und schon beginnt es in meinem Kopf zu trommeln, sie bringen mich ganz durcheinander. Ich bin reif für die Klapse. Oder für die langsam vorbeidefilierenden Buchstaben am Bildschirm. Schöne Aussichten!

Zwiebelfische und Fliegenköpfe

So sehr mich typographische Sitten und Unsitten stören, so sehr habe ich eine Schwäche für jedwede zufällige Anomalie. Wenn ein Autor mich beleidigt auf einen Fehler hinweist, der sein Werk, das wir doch so sorgfältig bearbeitet hatten, verunstaltet, sage ich ganz ohne Zynismus: »Ach, es bleibt eben ein handwerkliches Produkt.« Natürlich würde ich Bücher ohne Fehler vorziehen, aber ich mag es, wenn ein Buch noch etwas menschliche Fehlbarkeit offenbart, wenn ihm etwas von unglücklichem Zufall anhaftet. Gewiss, eine »Gasse«, die sich über Zeilen hinweg ihren Weg bahnt, lenkt meine Aufmerksamkeit zu sehr ab, meine Konzentration beim Lesen lässt nach. Doch diese Unregelmäßigkeiten faszinieren mich, auch wenn sie der Alptraum jedes Autors, Verlegers, Lektors, Korrektors, Druckers sein mögen. Für mich sind sie nicht weniger kostbar als die »Mannigfaltigkeit« der Briefmarken, die einen Philatelisten so begeistert. Ich bin zwar nicht bibliophil, aber um nichts in der Welt würde ich mein Exemplar von *Geboren 1936* hergeben, von dem der Name Perec auf geheimnisvolle Weise verschwunden ist. Wahrscheinlich war hier Marius am Werk (eine Anspielung auf die Beschäftigung von nur höchstens drei Korrekturlesern). Auf diesem Gebiet kann alles mich begeistern: ein verkehrt herum gesetzter Apostroph in *Der letzte Schiffsjunge der Baquedano* von Coloane (Seite 170); sechs aufeinander folgende Zeilen, die alle mit einem kleinen »p« beginnen *(petit, pour, pluie, passage, pendant, plantes)* auf Seite 23 der *Küche in vorgeschichtlicher Zeit* von Pascale Binan; das falsch gesetzte Register von *Hundert Jahre französisches Chanson;* der Punkt und die beiden Kommata („,), die »Persönlichkeit« und »Person« auf Seite 234 des *Synonymwörterbuchs* trennen; »Lindberg« anstelle von »Lindbergh« im kleinen *Larousse* von 1993; die drei kleinen Auslassungspunkte auf Seite 35 in *Wie erträgt man seine Freiheit?* von Chantal Thomas; der charmante Tintenfleck über der Zeile anstelle eines braven Bindestrichs am Rand der Seite 104 in *L'Éden englouti* von Jeroen Brouwers und der so geheimnisvolle Satz auf Seite 107 desselben Buches. Ich mag auch verwirrend falsch gebundene Bögen (in *Brassens, Gedichte und Chansons*), Seiten, denen am oberen Rand ein überflüssiges, umgeknicktes Stückchen seltsamen Papiers anhaftet, falsch herum gedruckte Umschläge (ich kann kein Beispiel nennen, aber so was hat's schon gegeben). Und, Höhepunkt meiner »Überraschungen à la Tante Zézé« (siehe weiter vorn): Wie habe ich innerlich frohlockt, als ich *Singende Steine* von Pouillon unter dem Einband der *Gräßlichen Bescherung in der Via Merulana* von Gadda entdeckte, der in der Herstellungsabteilung als Muster für die Umfangsberechnung benutzt worden war.

All dies ist wahrscheinlich nur eine Übertragung meiner Vorliebe für Leute mit hängenden Augenlidern, großen abstehenden Ohren, spitzem, aufwärts gekrümmtem Kinn, streichholzdünnen Beinen usw. Kurz, für alle einzigartigen, weil leicht abnormalen Individuen. Es hat nichts zu tun mit einer tugendhaften Toleranz gegenüber Hässlichem oder Verunstaltetem. Für mich definiert sich Schönheit dadurch, ob eine Person, oder auch ein Gegenstand, es schafft, hässliche Eigenschaften in etwas Liebenswertes zu verwandeln, sie untrennbaren Teil der Persönlichkeit werden zu lassen (zum Beispiel Monica Vitti, die mit der Kombination große Nase – großer Mund – leichtes Schielen nicht weniger Männer zum Träumen angeregt hat als Gina Lollobrigida mit ihren darüber hinaus üppigen Formen). Unnötig, sich darüber auszulassen, dass extreme Hässlichkeit etwas ebenso Faszinierendes ist wie absolute Schönheit. Die katastrophale

Ausgabe von *Unter dem Vulkan* (Corréa/Buchet-Castel) mit all ihren Satz- und Redaktionsfehlern sowie unverständlichen Textstellen hat Malcolm Lowry mehr Erfolg beschert hat als die neue, vollkommen bereinigte Übersetzung.

Tücken des Objekts

Zuweilen ist ein Buch auch makellos: Es enthält weder Zwiebelfische noch Fliegenköpfe, weder zu große Zeilenabstände noch umgestellte Buchstaben oder vertauschte Bögen, gerade so, als habe ein unfehlbarer Mutant die Ausgabe verantwortet. Das zu schaffen ist nicht unmöglich, aber meistens bin ich es, die versagt, die all das übersehen hat. Immer passiert es mir in Krisensituationen, und zwar in Crescendo-Form: Ich verbrenne mich, steche mich, schneide mich, stoße mich an, vergesse meine Schlüssel, meine Termine, die Namen von Leuten. Die Gegenstände – die (laut Lamartine) eine Seele besitzen – tragen das Ihre dazu bei. Alles spielt verrückt, die Geschirrspülmaschine, mein Computer, das Auto, das Bügeleisen, die Dunstabzugshaube, die Kaffeemaschine, die Sprechanlage. Das gesamte Universum hat sich gegen mich verschworen: Die Kassiererin wechselt ihr Kassenband gerade dann, wenn ich an der Reihe bin, die Metrofahrer beginnen zu streiken, ein außergewöhnlicher Wärmeeinbruch wird gerade dann gemeldet, wenn ich die Sommersachen weggepackt habe. Alles geht schief, alles bricht zusammen. Die Pechsträhne gibt meiner Paranoia neue Nahrung. Und wenn ich François anschreie: »Aber du wirst mir doch wohl nicht sagen wollen, dass das normal ist?«, bleibt er völlig ungerührt, ruft den Kundendienst des Elektroladens an und erweitert den Inhalt des Erste-Hilfe-Köfferchens. Sein Rationalismus verwirrt mich zutiefst.

In solchen Momenten passiert es, dass ich »das Aufsteigen eines weiteren Geschwafels« anstatt »Geschwaders« lese (*Stilleben mit Pistole* von Benoziglio), »frostzerfressen« anstatt »rostzerfressen« (*Fort Cigogne* von Abraham) und »die Gerichte des Webstuhls«, während es korrekt »die Gewichte des Webstuhls« heißt (*Die Geschichte*). Ich breche in Lachen aus oder in Tränen, je nachdem, aber die Spannung ist weg. Überflüssig, das analysieren zu wollen, doch es hat etwas Befreiendes. Die Missgeschicke werden immer seltener, und ich mache mir klar, dass unsere sämtlichen Haushaltsgeräte schon zehn Jahre alt sind, dass ich mit François' immerhin schon betagtem Computer arbeite, dass die Angestellten der öffentlichen Verkehrsmittel schon öfter gestreikt haben, ohne dass ich gleich außer Fassung geriet, und dass das Wetter seine Launen hat. Alles läuft also wieder in geordneten Bahnen. Und ganz besänftigt, in mir ruhend, schreibe ich in mein Notizheft: »Lange Zeit bin ich froh schlafen gegangen.«*

Restaurant

Eines Tages, als wir in einer Kneipe in Les Sables-d'Olonne auf unsere Schnecken warteten, trafen François und mich wütende Blicke unserer Tischnachbarn. Da ich glaubte, sie würden sich durch meine Raucherei gestört fühlen oder von dem stürmischen Gedonner, mit dem François seine Zeitung umzublättern pflegt, standen wir auf, um uns einen anderen Platz zu suchen. In dem Moment klärte uns ein giftiges

* Anspielung auf den ersten Satz von Prousts *Auf der Suche nach der verlorenen Zeit:* »Lange Zeit bin ich früh schlafen gegangen.« (A.d.Ü.)

»Können Sie nicht woanders lesen?« auf. Nicht einmal die Reaktion: »Wir könnten auch was anderes treiben« hätte da geholfen. An jenem Tag begriff ich, dass ich meine lange Liste mütterlicher Prinzipien um »man liest nicht im Restaurant« hätte ergänzen müssen: Man raucht nicht auf der Straße, man schneidet Salat nicht mit dem Messer, man bietet alten Leuten seinen Platz an. Weit gefehlt! So wie manch braves Gemeindeschäfchen gewisse Abmachungen mit dem Himmel trifft, gehe ich in punkto Manieren Kompromisse ein: Ich rauche – aber esse nie – auf der Straße; ich *falte* den Salat mit meinem Messer; wenn ich aus dem Institut Curie komme, tendiere ich manchmal dazu, Leute, die älter sind als ich, jünger zu schätzen. Und ich lese im Restaurant. Aber halt, nicht in irgendeinem. Ich tue es nur im Chez Papa, wo ich unter der Glaskuppel meinen festen Tisch habe – sodass Richard, der Koch, wenn er erfährt, dass die Entenbrust für Tisch sechs ist, immer eine Extraportion Schwarzwurzeln auf den Teller gibt –, aber wenn ich allein zu Mittag esse und dabei lesen will, setze ich mich abseits in eine Ecke. Bob, Michel oder Caro brauchen dann nur in die Sprechanlage zu schmettern: »Es ist für Annie«, damit ich meinen üblichen Gemüsezuschlag bekomme. Hingegen scheue ich mich überhaupt nicht, selbst wenn ich damit spöttische Blicke auf mich ziehe, zu lesen, während ich auf einen Tischgenossen warte. Denn was ist der Unterschied zwischen überbrückendem Lesen und vollkommener Versenkung? Das eine geschieht ohne zu essen, das andere beim Essen.

Dass ich mich, wenn ich beim Mittagessen im Restaurant lesen will, weniger aus Taktgefühl verstecke als aus Angst vor einem drohenden Missgeschick, versteht sich von selbst. Gleichzeitig trinken, essen, rauchen und lesen, das ist nicht ganz einfach. Meist schaffe ich es. Doch wenn es sich bei dem Buch, das man gerade vor sich hat, um einen »Backstein« handelt, sind Organisationstalent und Geschicklichkeit gefragt: den gelesenen und noch zu lesenden Teil mit

Hilfe eines Requisits auf eine Ebene zu bringen, den Teil, der sich unweigerlich aufstellt, mit einem Aschenbecher festzuhalten, umzublättern. Jetzt wird es gefährlich. Ganz in die letzten Zeilen der rechten Buchseite versunken, lässt man ein Stück geschmorten Chicorée in das Weinglas fallen, stellt sein Glas auf den Teller, drückt seine Zigarette auf dem Tischtuch aus und blockiert die Seite mit seinem schmutzigen Messer; am allerschlimmsten ist, den Schlamassel erst dann zu bemerken, wenn man sein Glas umstößt, weil man aufs Geratewohl mit der Gabel ein Stück Fleisch vom Teller fischen wollte. Widerlich, aber äußerst selten. Passiert einmal im Jahr, höchstens. Oft genug allerdings, um sich vor Blicken zu schützen.

Viel mehr Missgeschicke passieren beim Frühstück, vor allem, wenn man wie ich die abscheuliche Angewohnheit hat, sein Croissant in den Kaffee zu tunken, was literarisch weniger korrekt ist als *ein Stückchen Madeleine in einem Teelöffel aufzuweichen*.

Bücher schwer wie Blei

Die raffinierte Anne aus Mende teilt ihre Bücher in dicke und dünne ein: Die dicken sind fürs Bett, die dünnen für die Metro. Mein Physiotherapeut wäre beglückt, allerdings setzt dieses Prinzip wie selbstverständlich voraus, dass man zwei Bücher gleichzeitig liest. Für jemanden, der ohnehin schon unter geistiger Verwirrung leidet, ist das zu kompliziert. Mir ist eine Skoliose lieber als eine Psychose und ein Leistenbruch lieber als Schizophrenie.

Außerdem ziehe ich, so oft ich kann und unter Missachtung jeglicher medizinischer Überlegungen, Nervenkrisen ausgenommen, backsteindicke Bücher den schmalen

Werken vor. Beim Lesen eines dünnen Büchleins verbringt man, selbst wenn man großen Spaß daran hat, zwischen den Buchdeckeln weniger Zeit als zwischen den Metrostationen Mabillon und Jussieu oder den Bahnhöfen von Perrache und Part-Dieu, während ein Romanwälzer eine ganze Woche füllt. Das ist wie genügend Holz für den Winter zu haben oder genug Zigaretten, um ein langes Wochenende zu überbrücken. Man kann den Dingen beruhigt ins Auge sehen.

Und dennoch, wie viel Angst steht man mit einer dicken Schwarte aus! Das erste Drittel verschlinge ich. Je mehr ich mich der Mitte des Buches nähere, desto langsamer lese ich. Danach gerät alles ins Schwanken. Auch wenn ich erst bei der Hälfte angelangt bin, habe ich nur noch die andere Hälfte vor mir. Unweigerlich strebe ich dem Wort »Ende« zu. Ich versuche, die Lektüre in die Länge zu ziehen. Man stelle sich vor: nur noch die Hälfte von *Das Leben, Gebrauchsanweisung*, von den *Buddenbrooks* (kaum mehr als sechshundert Seiten – ein Jammer), von *Paradiso*. Und was ist mit dem *Mann ohne Eigenschaften*? Nun, zwei normal dicke Bände sind nicht dasselbe wie ein einziges wuchtiges Trumm. Das ist wie in Mailand das Flugzeug zu wechseln, um nach Palermo zu gelangen. Eine Unterbrechung des affektiven Spannungsbogens.

Im Klartext: Sie sind schwer wie Blei, mehr Ballast- als Lesestoff, machen meine Taschen kaputt, schneiden mir in die Schulter, ziehen mich nach rechts, bescheren mir einen seitwärts gekrümmten Gang. Im Bett fallen sie mir aus der Hand, benötigen eine ganze Ladung Kissen auf dem Bauch, die sie auf Augenhöhe halten, ohne dass man zu sehr die Bizepsmuskeln beanspruchen muss. Beim Sitzen muss ich sie auf den Knien halten und deshalb den Kopf senken. Steifer Hals und Arthrose sind mir sicher. Ich nehme zwei Aspirin und schmiere mir Hals und Schultern mit Dolpic-Balsam (auf Paprikabasis) ein, bis ich wie ein Tandoori-Hähnchen aussehe.

Sie mögen tausend Nachteile haben, sind aber tröstlich und beruhigend. Jedesmal, wenn ich sie ablege, flüstern sie mir zu: »Hab keine Angst, ich gehe nicht weg, ich bin da, ich warte auf dich, ich bleibe hier.« Sie geben mir in meiner bangen Bücherliebe Sicherheit.

Kurzsichtigkeit

Ich habe das Glück, kurzsichtig zu sein. So kurzsichtig, dass ich François auf dem Trottoir nicht erkenne, Straßennamen nicht entziffern kann und mich auf ein Obstkörbchen setze, das ich für ein bedrucktes Kissen halte. Kleine unliebsame Begleiterscheinungen, die durch zahlreiche Vorteile aufgewogen werden: Lästigen Zeitgenossen kann ich, ohne sie zu kränken, aus dem Weg gehen, unverkennbar aggressiven Personen kann ich mit offenem Visier entgegentreten (Kurzsichtige zeichnen sich durch eine echte passive Beherztheit aus), doch der größte Vorteil ist, die Brille weglassen zu können in Gegenwart von Leuten, die jünger sind als ich und ohne ihre halben Brillen nicht einmal mehr die Speisekarte lesen können. Ich beschäme sie, indem ich direkt vor ihrer Nase dicke, ganz klein gedruckte Bücher lese. Das wird zwar nicht immer so bleiben, denn irgendwann werde auch ich von der Altersweitsicht eingeholt, doch einstweilen koste ich mein Privileg aus. Meine Brille baumelt als Krümelauffänger an einem Band. Ich setze sie nur auf, wenn ich einen Film, ein Theaterstück oder eine Fernsehsendung ansehen will, meine Nachbarn identifizieren möchte, Preise im Schaufenster erkennen will oder um mich zu vergewissern, dass ein Fleck keine behaarten Pfoten hat. Meine beeindruckende Lesekapazität beruht also nicht darauf, dass mein IQ größer wäre als der meiner Freunde und Bekannten – weit gefehlt! –, sondern schlicht und einfach auf der Tatsache, dass ich im Gegensatz zu ihnen nicht Stunden mit dem Suchen meiner Brille verliere.

Beim Zeichnen allerdings muss ich meine Brille aufsetzen, um das, was ich zeichnen möchte, erkennen zu können. Sobald ich mit dem Skizzieren beginne, setze ich sie wieder ab. Auf diese Weise habe ich immer eine Hand zu wenig. Deshalb kämpfe ich schon seit Jahren darum, dass der Optiker mir den unteren Teil der Gläser so zuschleift, dass sie wie umgekehrte Halbmonde aussehen. Wegen des mechanisierten Schleifens von Brillengläsern ist das nicht mehr möglich. Also lasse ich den Brillenbügel so einstellen, dass er ganz oben auf der Nase sitzt. Man empfiehlt mir gleitende Brillengläser und begreift dabei gar nicht, wie sehr ich an meiner Kurzsichtigkeit hänge, denn sie gibt mir über die schon erwähnten Vorteile hinaus ein wenig mehr Zeit, mich an die Erkenntnis zu gewöhnen, dass etwas, was durch Unschärfe schön erscheint, in Wirklichkeit grob und hart aussieht; sie verschleiert Zeichen von Abnutzung und Verschleiß, gibt dem Verfall einen poetischen Anstrich, verwandelt jede nächtliche Landschaft beim kleinsten Regenschauer in eine Märchenszenerie.

Mit dem Aufkommen des »Omi-und-Opi-Booms« prophezeie ich der optischen Industrie einen ungekannten Aufschwung, vorausgesetzt sie entschließt sich, Brillen für Kurzsichtige herzustellen, die nicht pflegebedürftig sind und sich mit ihren Gebrechen abgefunden haben. Vor allem aber prophezeie ich den Verlagshäusern eine glorreiche Zukunft, die gewieft genug sind, Bücher für Siebzig- bis Siebenundachtzigjährige anzubieten, und zwar nicht unter dem Aspekt des literarischen Schwierigkeitsgrades, sondern des Grades an Weitsichtigkeit ihrer Kunden. »Omi, ich hab' dir die fünf Bände *Nachtflug* gekauft, das du ja noch einmal lesen wolltest.« Damit keine zusätzlichen Lagerprobleme entstehen, wäre jeder, der schlecht sieht, mit einem eigenen Computer ausgestattet, der mit einer Verlegerzentrale verbunden wäre, sodass er sich die im Buchhandel in Times 12 vertretenen Bücher selbst in Times 36 ausdrucken könnte.

Mit einem speziellen Apparat hätte er dann im Bedarfsfall die Möglichkeit, das Papier nach dem Lesen von Tinte zu befreien, um es noch einmal zu bedrucken oder aber es in Zellulosestücke zu recyclen. An jeder Straßenecke würde man dann Leute antreffen, die Zellulose-Überschüsse sammeln, im Kampf gegen die Altersweitsicht. Die bald darauf überwunden sein würde. »Omi, ich hab' den kompletten Dante auf fünfhundert Seiten aufgetrieben.« Vorausgesetzt, mich gibt's dann noch.

Tempowechsel

Gern wüsste ich den Grund, warum ich einen Titel innerhalb von zwei Stunden verschlinge und für einen anderen eine ganze Woche brauche, und zwar bei ein und demselben Genre, demselben Spaß an der Lektüre, vergleichbarem Buchumfang, gleicher Verfügbarkeit, demselben Autor.

Gewiss, mal eile ich durch mein Buch wie eine kleine Bürogehilfin, die unbedingt wissen will, wie die Geschichte weitergeht, mal verlangsame ich die Lektüre, um das Ende hinauszuzögern; mal ergebe ich mich der Trunkenheit, mal zwinge ich mich zur Mäßigung. Für *Die Erfindung der Welt* habe ich absichtlich über einen Monat gebraucht, weil ich jeweils morgens und abends nur ein Kapitel gelesen habe, unterbrochen von zwei Wochen freiwilliger Enthaltsamkeit – Ferien nämlich. Barockem soll man nicht noch mehr Barockes hinzufügen. Bei diesem geradezu unmäßigen Buch habe ich mich gezwungen, Maß zu halten, habe das

Vergnügen an Wortwahl und Stil rationiert, um meine Freude daran noch zu steigern.

Doch abgesehen von diesem mehr oder weniger bewussten Leseverhalten, gebe ich auch unerklärlichen Impulsen nach. Warum zum Beispiel habe ich *Zen in der Kunst des Bogenschießens* verschlungen, das ich besser langsam und überlegt gelesen hätte? Und warum habe ich für *Edward, Ein Roman aus dem Pleistozän* so lange gebraucht, wo das Buch gar nicht so viel Aufmerksamkeit verdient? Warum habe ich die so subtile *Wache* von Kavvadias wie wild verschlungen, nachdem ich für das so brutale *Le Quart* dermaßen Einfühlungsvermögen bewiesen hatte?

Weil, was das Lesen angeht, nicht nur die Bürger nicht gleich und Männer und Frauen verschieden sind, sondern ein und dieselbe Person nicht immer in gleicher Weise reagiert. Das Buch kann köstlich oder ungenießbar sein, der Leser übersättigt oder ausgehungert. Sein Appetit ist abhängig von seinem Temperament, aber auch von der Jahreszeit, den Umständen, dem Ort, dem Umfeld, der Ruhe, dem Lärm, dem Mangel, dem Überfluss, der Liebe, dem Hass. Er unterliegt Stimmungs- und Gefühlsschwankungen, Veränderungen seiner seelischen und körperlichen Verfassung. Was mich betrifft, kommt noch Wetterfühligkeit hinzu, auf die ich mit intensivem Lesen reagiere oder indem ich mich der Betrachtung meiner Füße hingebe – mit besessenem Aktionismus oder düsterer Apathie.

Über den Witz von dem Mann, der nur ein Buch besitzt und immer noch nicht fertig mit Ausmalen ist, kann ich nicht lachen. Denn er trifft auf mich zu, trotz meinem großen Vergnügen am Aquarellieren. Dafür kann ich jedoch mit großer Geschwindigkeit lesen.

Jedem Leser an jeglichem Tag seinen eigenen Rhythmus. Und dass niemand sich da einmische oder darüber urteile.

Über Kreuz lesen

Es ist Sonntagabend und François und ich lesen vor dem Essen. Er blättert im Katalog der Ausstellung im Carnavalet-Museum über Louis Sébastien Mercier und seinen meisterhaften Bilderbogen *Pariser Nahaufnahmen*. Ich lese, ein Glas Rasteau als Aperitif in Reichweite, *Die Wolken* aus der Feder des Argentiniers Juan José Saer (geziert mit einem Aufkleber: »Es ist ganz frisch, ganz neu und der Umschlag ist so schön, Sophie – ohne Datum«). Ich bin auf Seite 45 (»Seit einigen Monaten befand sich ein junger, unter Melancholie leidender Chilene in unserer Anstalt«). François lacht in seiner Ecke schallend auf. Ich werfe ihm einen aufmunternden Blick zu.

»Hör dir mal diese Passage über die Tuilerien an: ›... Alle Jäger stellten sich unter den Eiben auf, wo sie ihre Notdurft verrichteten. Es gibt Leute, die genießen es geradezu, ihr Geschäft im Freien zu erledigen. Bla-bla-bla. Als der Graf von Angivillier diese Eiben fällen ließ, hat er die Kacker, die allein deswegen von weit her kamen, ihrer vertrauten Umgebung beraubt.‹«

Ich gluckse vor Lachen. Und vertiefe mich wieder in *Die Wolken* (» ... ein junger, unter Melancholie leidender Chilene ...«)

Wieder Lachen.

»Ja?«

»Jetzt geht's um die Leute, die den Unrat beseitigen: ›Gefährlich wird es vor allem auf der Seite [des zweirädrigen Karrens], auf der sich kein Unratbeseitiger befindet: Man geht sorglos an einem bewegungslosen Rad entlang, und schon hat man eine Ladung Unrat auf dem Kopf.‹«

»Ha, ha, ha!«

Ich nehme Saer wieder zur Hand (» ... in unserer Anstalt. Sein Vater war in Valparaiso hingerichtet ...«)

»Ah, das hier ist auch nicht schlecht.«

»François, es ist dir sicher nicht entgangen, dass ich auch am Lesen bin ...«

»Ich schwöre dir, danach hör' ich auf. ›Wenn jemand gestorben ist, wird an der Tür seines Hauses eine Todesmitteilung angebracht; in dieser so bevölkerungsreichen Stadt haben die Einwohner mit ihren Nachbarn, selbst den allernächsten, so wenig zu tun, dass sie zuweilen nur auf diesem Weg von ihrem Ableben erfahren.‹«

Ich reagiere angemessen (wo man uns doch bis zum Überdruss von den »Defiziten« des Zusammenlebens erzählt) und steige wieder auf meine Wolken (» ... Sein Vater war in Valparaiso hingerichtet worden, weil er sich auf die Seite der Spanier gestellt hatte. Man hatte ihn des Hochverr...«).

François prustet über seinem Buch leise vor sich hin.

»Du übertreibst wirklich.«

»Entschuldige.«

Man braucht sich aber bei mir nur zu entschuldigen, schon schmelze ich dahin.

»Mach weiter, bitte. Außerdem bekomme ich jetzt richtig Lust, Mercier zu lesen.«

»Was, den Ausstellungskatalog oder die Gesamtausgabe der *Pariser Nahaufnahmen*?«

»Die Gesamtausgabe natürlich.«

»Das sind aber tausendfünfzig Artikel von jeweils mehreren Seiten ...«

»Prima.«

»Wenn's dir lieber ist, La Découverte hat zwei Kurzfassungen veröffentlicht.«

»Nein, nein, ich will alles lesen. Im Übrigen hatte ich es schon einmal von dir ausgeliehen, um ein Zitat über die Auktionslokale nachzuprüfen. Es war toll.«

Ich stecke die Nase wieder in *Die Wolken* (» ... weil er sich auf die Seite der Spanier gestellt hatte. Man hatte ihn des Hochverrats beschuldigt. Ein Spion der Regierung ...«)

Der Küchenwecker klingelt. Die Spargel sind gar. Wir bewegen uns nicht vom Fleck. Schließlich bequeme ich mich: Ich hasse zu weiche Spargel. Wir setzen uns an den Tisch.

Beim Essen (lauwarmer Spargel mit einen dünnen Strahl Olivenöl und Parmesanscheibchen, dazu Scheiben von Bresaola und San Daniele-Schinken, Radieschenblätter-Salat, Ziegenkäse und Erdbeeren) erzählt mir François, dass Louis Sébastien Mercier gebundene Bücher so sehr hasste, dass er sie »enthäutete«, sie in Faszikel zerlegte und diese dann in seinem Salon aufhäufte. Von Zeit zu Zeit schaufelte er sie um, fischte aufs Geratewohl einen heraus und stieß dabei auf ein neues Thema. Sieh an! Einer, der seine Phantasien in die Tat umsetzte. Was für ein Mann! Nach dem Essen lese ich schnell Saer zu Ende, damit ich mich gleich am nächsten Tag auf die dreitausend Seiten (ohne die kritischen Anmerkungen) Mercier stürzen kann. Man muss schon zugeben: Manchmal ist das Leben richtig schön!

Laster oder Tugend

Nie ohne mein Buch. Nie ohne meinen Glimmstengel. Lesen ist jedoch etwas, was einen viel weniger ziert, was viel weniger empfehlenswert ist, als es scheinen mag. Wenn ich an all die Eltern denke, die traurig darüber sind, dass ihre Sprösslinge so wenig Lust am Lesen haben, aber mit Bangen daran denken, sie könnten einmal süchtig werden. Leeres Gerede: Es macht keinen Unterschied.

Ich weiß noch, wie Michel gegen Thomas wetterte, der im Alter von sechzehn Jahren kaum einen Comicband aufschlug. Als ich eines Tages mit Thomas zu Mittag aß und ihm erzählte, wie besorgt sein Vater sei, lachte er schallend: »Ich lese ja, aber ich sag's ihm nicht. Andernfalls wird es garantiert ein Verhör.« Also las er im Verborgenen, so wie andere heimlich auf dem Klo rauchen.

Seltsam, dieser Umschwung, was das Lesen betrifft. Als ich noch klein war, sagten mein berühmtes Tantchen, meine Tante Zézé und selbst meine Mutter: »Nun hör doch mal auf, du verdirbst dir ja noch die Augen« oder »Du solltest lieber draußen spielen« oder »Dabei hast du mich so gelöchert, bis du ein Monopoly gekriegt hast«. Das heißt, Gesundheit, körperliche Bewegung, Kontakt mit anderen schien ihnen genauso wichtig zu sein wie Lesen. Manchmal fühlte ich mich schuldig. Wie ein fauler Sack. Später wie eine Bovary.

Noch heute ist es so, dass man trotz der refrainartig wiederholten Aufforderungen zum Lesen eher den im Gras liegenden Leser als den angehenden Chemiker, der gerade die Wirkung seiner Lösungen auf den Rock seiner Schwester testet, bitten wird, den Tisch zu decken.

Als Jean Lacouture aus Vietnam zurückkam, berichtete er voller Bewunderung von den jungen Schülern dort, die nachts im Licht der einzigen Straßenlampe des Dorfes ihre Hausaufgaben machten. Diese aufschlussreiche Geschichte erinnert mich daran, dass früher der Großteil aller Tätigkeiten zwischen Sonnenaufgang und Sonnenuntergang stattfinden musste. Öl, Wachs, Petroleum waren teuer. Man beendete den Tag nicht, indem man in der Abenddämmerung Licht anzündete. Einsames Lesen war etwas für reiche Leute, Kuhhirten und Arbeitern wurde davon abgeraten. Ich verstehe nicht, dass die Tugendwächter nicht mehr zum Lesen angehalten haben, denn das hätte die einen erfolgreich von der Zuhälterei, die andern von der Kneipe abgelenkt. Heute wird Lesen wärmstens empfohlen und ist dazu noch kostengünstig. Ist sozusagen obligatorisch. Ist sozusagen stinklangweilig und erstickend. Denn auf Grund der erzieherischen Hysterie, die sie mittlerweile erfasst hat, verhalten sich die Erwachsenen wie regelrechte Haustyrannen. Ich werde nie den siebten Geburtstag von Wassim vergessen, das Alter, in dem angeblich die Vernunft erwacht. Wie üblich bekam er massenhaft Geschenke. Um das Auspacken zu beschleunigen, ging man nach einem eingespielten Ritual vor: Eliès, »der große Bindfadenspezialist«, schnitt die Fäden auf, Dounia reichte ihm jedes Geschenk mit beiden Händen. Wassim befreite es von seiner Verpackung. Doch bald verschwand das Lächeln von unseren Gesichtern, wir liefen puterrot an. Wassim wurde ganz blass. Er hatte nur Bücher geschenkt bekommen. Weder ein Sweat-Shirt noch ein Videospiel, weder eine Levis 501 noch Rollschuhe oder einen Walkman. Bücher. Bücher. Bücher. Das Schlimmste war, dass unser kleiner, so verständiger Prinz ganz gelassen blieb und sich bei jedem von uns würdevoll bedankte. An jenem Tag hat man uns eine Ohrfeige verpasst. Es gibt Ermutigungen zum Lesen, die einem regelrechten Terrorakt gleichkommen.

Ich bin nicht so sehr von meiner Umgebung zum Bücherfressen verleitet worden, als von der Lust, gegen die wenigen Verbote meiner Mutter (lesen, wenn ich schlafen sollte), kluge Ratschläge (nicht für Minderjährige geeignet) oder schulische Vorschriften zu verstoßen (*Das rote Gras* im Mathematikunterricht nicht weiterlesen zu dürfen). Ich kann ängstlichen Eltern nur wärmstens empfehlen, sich in *Wie ein Roman* von Pennac zu vertiefen. Vor allem aber, ihren Kindern den Zugang zu ihren Büchern zu verbieten und sie in beleidigendster Weise auszuschimpfen: »Da hat er noch keine Haare am Pimmel und will schon alles Mögliche lesen!« Das Kind, das sich dagegen nicht auflehnt, indem es sich mit Büchern regelrecht betrinkt, ist entweder ein echter Rebell, ein wirklicher Delinquent oder ein Philosoph, den zu verfolgen sich nicht lohnt.

Ungeteilte Leidenschaft

Früher, in der Grundschule, hielt man mich für zu »persönlichkeitsbetont«, für einen »schwierigen Charakter« (ich habe nie herausbekommen, was genau damit gemeint war). Psychokokolores! Dennoch, sie hatten Recht. Das viele Lesen hatte aus mir ein Mädchen gemacht, das lieber allein war als zusammen mit anderen Kindern, das lieber las als mit andern zu spielen oder herumzubummeln, das heute noch Lesen einem Kinofilm oder einer Fernsehsendung vorzieht (selten jedoch einem Abend mit Freunden). Das schafft Probleme im gesellschaftlichen Umgang. Zumal es mir nicht gelingt, mehrere Dinge gleichzeitig zu tun. Ich bin dazu wirklich unfähig (diese Schwäche ist übrigens kein Familienerbe, denn meine Großmutter brachte das Kunststück fertig, beim Stricken und Radiohören zu lesen). Was François betrifft, der kann in aller Ruhe ein philosophisches Buch mit dem eingeschalteten Fernseher kombinieren (da das Gerät gegenüber unserem Bett steht, behelfen wir uns mit Kopfhörern. Wenn François die Spätnachrichten sieht, verdoppele ich die Anzahl Kissen auf meinem Bauch, sodass mein Buch den Bildschirm und seinen hellen Schein völlig verdeckt).

Metrolärm macht mir nichts aus, aber Musik, auch ganz leise, stört mich enorm. Wenn er seine geliebten *Suiten für Violoncello solo* auflegt, sehe ich sofort vom Buch hoch, das ich gerade lese. Außerdem erinnern mich diese *Suiten* zu sehr an den Tod meiner Mutter. Ich war damals schrecklich hilflos, traurig, voller Schuldgefühle. Um mich zu trösten, legte François dann immer die *Suiten* auf, die beruhigend auf mich wirken (und vielleicht mein Schluchzen übertönen) sollten. Doch sie brachten mich nur noch mehr zum Weinen. Ohne dass es einen wirklichen Grund dafür gäbe, stört mich Musik beim Lesen, ganz unabhängig vom Komponisten, vom Stück, vom Interpreten. Sie wird zum Geräusch.

Und natürlich stört mich auch der Krach, den François beim allwöchentlichen Durchblättern seiner achtzehn Tageszeitungen und sieben Wochenblätter produziert, allerdings weniger als seine unvermeidlichen Kommentare. Das Buch ist etwas Individuelles, die Zeitung etwas Kollektives. Da ich mich wohl oder übel informieren muss, sucht er die wichtigsten Artikel für mich aus. Ein paar Zeilen (»Nanou, Seite 1 und 7, Artikel von Morin«), fliegende Blätter, Post-it-Zettel, herausgeschnittene Artikel weisen mich auf das Wesentliche hin (in Wirklichkeit ist die Suche danach mit Mühen verbunden: Wenn ich »Le Monde« aufschlage, entfaltet sie sich wie das Schnittmuster zu einem schrägen Rock, denn François hat die Artikel, die er archivieren muss, bereits herausgeschnitten).

Ich bin davon überzeugt, dass, auch wenn das Lesen die Leute einander näher bringt, die gerne über Bücher reden, es den Beziehungen zwischen den Generationen eher schadet (»Also wirklich, mein Herz, du siehst doch, dass ich lese«), auch dem Verhältnis der Zeitgenossen untereinander (»Jean, bitte sei so nett und sprich etwas leiser, ich kann mich sonst nicht konzentrieren«). Und es schadet auch Paaren, wenn in Momenten, in denen der eine sich nach Zärtlichkeit sehnt, der andere bettelt: »Nur noch eine Minute, gleich bin ich mit dem Kapitel zu Ende.« Eine halbe Stunde später ist der Partner eingeschlafen.

Ohne dass ein wirkliches Ursache-Wirkung-Verhältnis vorliegen würde, habe ich François eines Tages fairerweise die Frage gestellt: »Ich bin jetzt zweiunddreißig. Wenn wir Kinder wollen, wird es allmählich Zeit. Willst du welche?«

»Und du?«

»Ich weiß, seit ich zehn bin, dass ich keine will, aber das steht jetzt nicht zur Debatte.«

»Ich will auch keine.«

»Bist du sicher?«

»Absolut sicher.«

»Bist du auch sicher, einen triftigen Grund zu haben, warum du keine willst? Denn für mich ist es dann zu spät.«

»Ich habe einen sehr triftigen Grund: Kinder sind Bücherkiller.«

Es war ein Grund, wenn auch ein vorgeschobener: François besitzt zehntausend Bücher und Zeitschriften. Und er wird, bis er achtzig und älter ist, Kinder produzieren können. Mit einer anderen Frau natürlich.

Zum Glück, oder vielmehr zu meiner Ehrenrettung, habe ich ganz bewusst vor diesem fatalen Alter sukzessive Gegenmaßnahmen entwickelt. Anfangs, wenn er zu einer Jurysitzung oder zu einer Konferenz aufbrach, ließ ich eine Karte in sein Gepäck gleiten: »Wenn du mich betrügst, bring' ich dich um.« Daraus wurde später: »Wenn du mich betrügst, bring' ich sie um«, und danach »Wenn du mich betrügst, bring' ich mich um«. Und zum Schluss »Wenn du mich betrügst, setz' ich deine Bibliothek in Brand«.

Die ersten Drohungen musste er noch ernst nehmen. Ich war bestimmt verrückt genug, sie in die Tat umzusetzen. Doch die letzte? Wo denken Sie hin!

Panik

Manche Leser sind dermaßen süchtig, dass sie bis zum Alleräußersten gehen. Wenn ihnen der »Stoff« fehlt, verhalten sie sich wie ein Nikotinsüchtiger, der Kippen in Aschenbechern aufsammelt, oder wie ein Alkoholiker, der Kölnisch

Wasser süffelt. Ich übertreibe? Nehmen wir noch einmal das Beispiel des Fluges Paris-Palermo. Ein günstiger Charterflug, der um 22 Uhr in Orly startet. Weil ich in Mailand umsteigen muss, habe ich, weil ich sonst zu schwer zu tragen hätte, all meine Bücher in dem Koffer verstaut, den ich am Schalter aufgebe. In meiner Umhängetasche liegen nur *Oh! pardon tu dormais …* von Jane Birkin und *Der Bettnässer* von Jean Rolin. Gerade als mein großer Koffer schon außer Reichweite über das Band rollt, wird durchgegeben, dass der Flug nach Palermo zwei Stunden Verspätung hat. Ohne mir zu überlegen, dass ich mehr als genug Lesefutter habe, um hundertzwanzig Minuten zu überbrücken, und dass ich außerdem aus Nervositätsgründen beim Warten *niemals* lese, mache ich mich verzweifelt auf die Suche nach einem Bücher- und Zeitungsladen. Wie in einem Alptraum höre ich beim Näherkommen, dass das Metallgitter sich hernieder senkt. Am Ende bin ich schweißgebadet, mein Haar ist zerzaust, ich biete einen lächerlichen Anblick. Und bin verzweifelt. Ein letzter Rest Würde zwingt mich, ruhig zu bleiben. Ich lese die Tafel mit den Ankunfts- und Abflugzeiten. Nur Marrakesch, Sevilla und Parma sind darauf verzeichnet, Namen, die sich innerhalb weniger Sekunden mit einem lauten, mechanischen *Klaklaklaklaklakla* in Mbrrbkfch, Sfvillf, Pbrmf verwandeln. Nicht ein einziger Prospekt liegt an den Schaltern herum, der Reinigungsdienst sammelt die letzten Zeitungen ein. Der Flughafen leert sich. Die Leute brüten über ihren Zeitschriften. Ich wäre auch mit »Voici« zufrieden. Wie versteinert falle ich in einen Sessel. Wühle in meiner Tasche. Finde eine alte Karte von Rom. Verschlinge sämtliche Informazioni utili / Useful informations (*I taxi autorizzati sono bianchi o gialli …*). Ich wühle weiter und stoße, oh Wunder! auf eine kleine unerwartete Lesezugabe: *An Unwritten Novel* von Virginia Woolf, in Frankreich bei Mille et Une Nuits erschienen, ein Geschenk von Catherine. Leider! nur siebenundvierzig armselige Seiten, inklusive Illustrationen und Bibliographie. Ich hebe es mir bis zuletzt auf, für den Fall, dass mir meine Tasche beim Transit nach Mailand abhanden kommen sollte. Man kann nicht vorsichtig genug sein. Ach, da haben wir eine Anzeige von Professor Mossory-Ma, der unter anderem »Falten und Körperhaare beseitigt«. Und eine andere (ich sammle sie) von Monsieur Oumar, der keine Verantwortung scheut: »Wenn Ihr(e) Partner(in) Sie wegen eines(r) anderen verlassen hat, wenden Sie sich vertrauensvoll an mich. Ihre Liebe wird erneut erwidert und Ihr(e) Partner(in) kehrt zu Ihnen zurück. Er (Sie) wird Sie nie mehr loslassen ...« Ich finde auch noch das Angebot, einen (Gratis-)Test in Form von zweihundert Fragen zu machen zur *Kompletten Analyse der zehn wichtigsten Punkte Ihrer Persönlichkeit*. Schon bei der dritten Frage fühle ich mich durchschaut. »Blättern Sie, einfach nur, weil es Ihnen Spaß macht, in Zugfahrplänen, Telefonbüchern oder Lexika?« Ich lasse es sein. Ich nehme meine kleinen Aquarellutensilien heraus und beginne einen Typen zu skizzieren, der »Le Monde« liest. Der Glückspilz. Just in dem Moment steht er auf und lässt die Zeitung auf dem Sitz liegen. Ich will sie mir gerade angeln, als der Blick seiner Ex-Nachbarin mir warnend signalisiert, dass sie seine aktuelle Ehefrau ist. Ich murmele eine Entschuldigung. Zum Glück wird mein Flug aufgerufen. Ich suche in den Jackentaschen nach meiner Bordkarte. Dann in meiner Umhängetasche. Dabei stoße ich wieder auf den Test (Frage 194: »Wenn Sie etwas verlieren, kommt Ihnen dann der Gedanke, dass es ›jemand entwendet oder gestohlen haben könnte‹?«). Auch Monsieur Oumar ist zur Stelle (»Probleme, die Ihnen ausweglos erscheinen, können gelöst werden«), gleichfalls Professor Mossory-Ma (»Löst auch sehr spezielle Fälle«). Fieberhaft blättere ich den *Bettnässer* durch (»Bei all dem fehlt einfach ein wenig Sex ...«). Ich blättere in *Oh! pardon tu dormais ...*: (»Aufgeregt geht sie im Badezimmer hin und her, findet alles, außer den

Ampullen«). Die Bordkarte fällt mir vor die Füße. Ich verfrachte meinen Krempel wieder in die Umhängetasche und begebe mich zu meinem Sitz. Als sich der Lärm gelegt hat, das letzte Handgepäckfach zuklappt, der letzte Sicherheitsgurt klickt, als mein Gesicht wieder ein annehmbares Karminrot zeigt, nehme ich das Buch von Virginia Woolf heraus. Der übrige Tascheninhalt ergießt sich unter den Sitz vor mir. Durch den Sicherheitsgurt zweigeteilt, schaffe ich es gerade nur, das Wichtigste mit den Fußspitzen einzusammeln. Es kommt noch schlimmer: Eine teilnahmsvolle Stewardess hebt alles auf. Ich bedanke mich und häufe beschämt das ganze Durcheinander in meine Tasche. Nach drei Minuten Atemtraining (ganz normal ein- und ausatmen) beginne ich zu lesen: »Solch ein Ausdruck von Unglück war allein schon genug, um den Blick über den Zeitungsrand hinweg zum Gesicht der armen Frau gleiten zu lassen – « Das ist zu viel. In kleinen Portionen, ganz verstohlen, beginne ich vor mich hin zu weinen, steif vor Angst bei dem Gedanken, schniefen und dann ein Kleenex in meinem Chaos suchen zu müssen. Nach zehn Minuten schlafe ich erschöpft ein.

Wenn der Inhalt meiner Tasche genau so aussah wie heute, am 24. Februar, dann ist mir diese Geschichte bestimmt schon zwanzigmal passiert. Und tausendmal hat mich die Angst vor Bücherentzug veranlasst, einfach irgendetwas zu lesen oder zu tun.

Überdruss

Ich will nicht mehr lesen. All diese Figuren, Tiere, Wolken, Tragödien, Landschaften, gemeinen oder wunderbaren Abenteuer nehmen mir die Luft zum Atmen. Warum all diese Ersatzerlebnisse, diese Reisen auf dem Papier, diese Ersatzleidenschaften, Ersatzverbrechen? Ich will leben. Der Tyrannei ihrer Fiktion entkommen.

(Immer mit der Ruhe. Du brauchst dir ja zum Beispiel nur alle Bände der Reihe »Sehen-Staunen-Wissen« anzusehen.)

Wovor ergreife ich beim Lesen so hektisch die Flucht? Was verberge ich vor mir selbst? Welche Leere fülle ich aus? Welch unglaubliches Vakuum muss in meinem Innern sein, wo doch haufenweise ungefähre Titelangaben, entstellte Autorennamen, Fetzen von falschen Zitaten in meinem Kopf herumwirbeln und Meteore von Büchertipps auf mich abgeworfen werden? Genug.

(Ja, genug. Genug geschwollenes Gerede und Emphase. Es gibt immerhin auch ganz normale Leute, die pro Woche zwanzig Bücher lesen – und sich daran erinnern –, ohne so ein Geschrei darum zu machen. Was soll dieser ganze Aufstand wegen einer geringen Überdosis? Eine Woche Entzug im Zentralmassiv wird schon reichen: den ganzen Tag auf den Spuren von Stevenson marschieren (*Reise mit dem Esel durch die Cevennen*, 193 Seiten) und die ganze Nacht bis zur Erschöpfung tanzen, um der Versuchung zu widerstehen, vor dem Einschlafen zu lesen. Im Übrigen, warum zu solch drakonischen Maßnahmen greifen? Schon viel weniger trägt zu deiner Genesung bei: Die Buchhandlung Divan hat schon einem Dior-Geschäft Platz gemacht und Compagnie ist eine Nichtraucher-Buchhandlung geworden. Grundrente und Gesundheitswahn werden letzten Endes deinen Überdruss überwinden – mangels Nahrung.)

Rekapitulieren wir: Man lasse mir meine Augen, um zu lesen, meine Hände, um die Seiten umzublättern und meine Beine, um durch die Buchhandlungen zu streifen. Und gleichermaßen lasse man mir meinen Kopf, um den Grad meiner Verblödung zu ermessen.

Zu früh, zu spät

Trotz kümmerlicher Schulnoten, die meinen Stiefvater zu der Äußerung veranlassten: »Sie wird keinem Studium folgen, vielmehr wird das Studium sie verfolgen«, habe ich zwischen meinem zehnten und fünfzehnten Lebensjahr eine Art goldene Zeit des Lesens erlebt, mit freiem Zugang zu allen Bibliotheken der Familie, angefangen bei Jacques' vollständiger Sammlung der »Grünen Bibliothek«, täglichem Stöbern in den Bücherregalen der Eltern meiner Freundin Monjol, und dazu dem systematischen Erwerb der ersten Taschenbücher, deren seinerzeit schmales Programm mich zu der Hoffnung verleitete, ich würde bald *alle* Titel gelesen haben.

Unersättlich wie ich war, brauchte es nicht viel, um mich zum Lesen weiterer Bücher zu verleiten. Ein Text von Colette beim Schuldiktat, und schon stürzte ich mich auf *Les Vrilles de la Vigne*, dann eine Texterläuterung zu Rabelais, um anschließend das *Quart Livre* zu verschlingen. Ich will mich nicht besonders loben, aber in meiner Generation bin ich wahrscheinlich die Einzige, die *Le Lutrin* von Boileau gelesen hat, obwohl mich natürlich nichts dazu verpflichtete. Eine plötzliche Anwandlung. Einfach so.

Eher freundschaftlich warnte mich meine Mutter davor, Bücher zu lesen, für die ich noch zu jung war: »Tu, was du willst, aber beschwer dich nicht, wenn du keine Zeile verstehst.« In der Tat ist zwölf nicht das Alter, in dem man normalerweise *Der Ekel*, *Die Pest*, oder die *Memoiren einer Tochter aus gutem Hause* liest, und auch für die vergleichende Lektüre von *Bibel* und *Koran* ist man in diesem Alter sicher noch zu jung. An jenem Tag gab meine Mutter

– die (sehr zu Unrecht) irgendeine mystische Krise bei mir vermutete – einen Satz von sich, der in die Annalen der Familie einging und mein ganzes späteres Leben prägen sollte: »Du tätest besser daran, *Reise ans Ende der Nacht* zu lesen.« Ich werde noch darauf zurückkommen.

Ich las natürlich auch Bücher, die für mein Alter bestimmt waren, *Dreizehn im Dutzend* oder *Die vier Töchter des Dr. March*, aber Autoren wie Bradbury, Borges und Matheson interessierten mich mehr als Verne und Dumas. Als ich fünfunddreißig Jahre später *Der Graf von Bragelonne* lesen wollte, war es zu spät. Allerdings wiederum gerade noch an der Zeit, um *My Family and other Animals* zu genießen, eine lustige Chronik des Aufenthalts der Familie Durrell auf Korfu, wo Gerald, der Jüngste, die Beobachtung macht, dass Lawrence, der Älteste, sich bereits mit zwanzig so entpuppte, wie er für ihn immer bleiben sollte: unerträglich.

Ich bedaure nicht, dies zu früh, jenes zu spät gelesen zu haben. Diese Methode hat mich vorzeitig mit den *Bekenntnissen* des heiligen Augustinus bekannt gemacht und zu spät mit dem *Geheimnis des gelben Zimmers*. Doch insgesamt glaube ich dadurch mehr gewonnen als verloren zu haben. Was mir heute die Möglichkeit gibt, *Wassermusik* von Boyle und Tausende von Reiseberichten mit einem für junge Leute typischen, ganz frischen Blick zu lesen.

Dubletten

François und ich leben schon sehr lange zusammen. Ich neige zu der Anschauung, dass unsere jeweiligen Bibliotheken unsere Auffassung von wilder Ehe ziemlich gut widerspiegeln. Als ich anfangs mit ihm zusammen wohnte, behielt ich noch mehrere Monate mein kleines Appartment in der Rue Ducouëdic bei. Und als er sich, nach einiger Unentschlossenheit seinerseits, in der Rue Barrault niederließ, hielt er – für ein paar Jahre – an einem Mansardenzimmer in der Rue Dupont-de-l'Eure fest. Einer nach dem andern haben wir unsere Refugien geräumt, doch François hat schnell ganz am Ende unseres unbeschreiblichen Hofes ein Arbeitszimmer bezogen. Sodass wir zwar schon beinahe dreißig Jahre zusammenleben, aber unsere Bücher erst seit etwa zehn Jahren unter einem Dach versammelt sind. Das heißt, in unseren jeweiligen Bibliotheken finden sich viele Titel doppelt. Unter diesen Dubletten gibt es Bücher, die wir vor unserer Begegnung erworben, aber auch solche, die wir ganz bewusst oder zufällig in zwei Exemplaren gekauft haben, aus ehrenwerten Gründen oder aus solchen, zu denen man sich nicht so leicht bekennen mag: Lust an der Unabhängigkeit, Respekt vor dem anderen (François würde mir nie seine umgeknickten Seiten oder sein Drübergekritzeltes zumuten). Und auf noch unbewusstere Weise, wahrscheinlich von Anfang an, aus dem Gefühl der Unsicherheit beziehungsweise der Sorge, dass man sich im Fall einer Trennung den Streit um die Aufteilung der Bücher ersparen möchte. Seine Eltern haben das genau verstanden, als sie jedem von uns das Prévert-Album der Pléiade geschenkt haben.

Bleiben jene Bücher, die man dem strahlenden Paar gewidmet hat, das sich aber jeden Moment mit Tränen meinerseits und Gelassenheit seinerseits wieder trennen kann (wenn es aber wirklich darauf ankommt, bewahre ich die Ruhe und er gerät vor Aufregung außer sich). Kurz, wenn die Bücher von Ciriani, Ando oder Vandenhove mit Sicherheit zu François wandern werden, was passiert dann mit den Werken von Jean und Olivier Rolin, von Sylvie Péju, von Louisa Jones, von Jean-Jacques Salgon?

Wenn wir uns bis dahin noch nicht gelassen oder ungestüm gegenseitig an die Kehle gefahren sind, würden wir diese Frage mit Sicherheit, wie so häufig, durch das Los entscheiden: »Kopf oder Schrift: Bei Schrift gehen wir, bei Kopf bleiben wir.« Ich erinnere mich an zwei Tage völliger Entschlusslosigkeit kurz vor den Ferien. François warf drei Stücke Papier in seinen schwarzen Hut: Cotentin. Jura. Baskenland. Ich habe Baskenland gezogen, wo ich sowieso am liebsten hin wollte. François fragte mich, ob ich nichts bemerkt hätte. »Ja, du hast *bask** geschrieben.« »Ich wollte nur sehen, ob du schummelst.« Diesen demütigenden Verdacht habe ich ihm heimgezahlt, indem ich noch einen weiteren Tag im stickigen Paris herumschmollte.

In jenem Jahr haben wir die Staus des vierzehnten Juli zwar vermieden, aber wir sind nicht weiter gekommen als bis zur Gironde und dann ganz langsam über Querry-Pigeon, Kernell und Ker Josy, ekcetera, ekcetera hingefahren.

Ich hoffe, niemals erleben zu müssen, dass wir unsere Bücher dem Los überlassen, doch wenn wir uns auch in dieses Schicksal mit Würde ergeben, dann wird das ein Zeichen dafür sein, dass weder der eine noch die andere von uns wirklich bösartig ist und dass wir durchaus auch weiter hätten zusammenleben können.

Ungeniertheit

Ich habe in jedem Alter, an jedem Ort, unter merkwürdigsten Bedingungen alles Mögliche lesen können, aber quer- oder anlesen gelingt mir nicht. Erst mit rund fünfzig Jahren konnte ich mich von dieser Schwäche befreien: Nun war ich alt genug, mir das Recht zuzugestehen,

* Falsche Schreibweise für *baskisch*, frz. basque. (A.d.Ü.)

ein scheußliches Buch in die Ecke zu werfen oder das Kino vor dem Ende eines schlechten Films zu verlassen. Eine »kleine Krankheit« hat mir ebenfalls geholfen, die Dinge nach ihrem wirklichen Wert zu beurteilen.

Bevor mir das gelang, fühlte ich mich auf Grund eines alten jüdisch-christlichen Reflexes Büchern und Filmen gegenüber verpflichtet, das Martyrium im Hinblick auf eine mögliche Erlösung bis zum Ende zu ertragen.

Wie viele schlechte Manuskripte habe ich im Büro abarbeiten müssen, deren Mittelmäßigkeit mir schon in einem einzigen Abschnitt hätte deutlich werden können! Hartnäckig las ich weiter bis zum bitteren Ende, von dem Glauben einer Katechetin beseelt, die das Unmögliche versucht, um den Sünder der Hölle zu entreißen. Und dann schrieb ich freundliche, mit Argumenten bestückte Absagebriefe, die mir endlose Verteidigungsmanöver einbrachten. Nach etwa hundert kritischen Absagebriefen nahm meine Haltung an Festigkeit zu: Ich las nach wie vor immer noch alles von der ersten bis zur letzten Seite, doch ich lehnte unwiderruflich ab und ließ mich auch nicht erweichen, wenn Briefe folgenden Stils mich erreichten: »Madame, nach Beherzigung Ihrer so treffenden Bemerkungen freut es mich, Ihnen die Neufassung meines Manuskripts zusenden zu dürfen ...«

Auch in meinem kleinen Privatbereich habe ich mich lange bemüht, keine Lesesünde zu begehen. Selbst wenn ich mich schon ab der ersten Zeile entsetzlich langweilte, las ich bis zum Ende weiter. In dieser Hinsicht bin ich ebenfalls kühner geworden. Wenn ein Buch mich nach dreißig Seiten noch nicht zu fesseln vermag, lasse ich es sein. Manchmal für immer; manchmal für eine gewisse Zeit. Es vegetiert dann neben dem Bett herum, wartet auf bessere Tage, eine andere Jahreszeit, eine gnädige Stimmung, günstige Umstände, einen brillanten Fürsprecher.

Es gibt noch eine dritte Möglichkeit, die allerdings eher selten vorkommt und eine fast archaische Haltung zum

Ausdruck bringt: Manche Bücher stelle ich zurück, weil ich spüre, dass sie zwar wunderbar sind, aber jetzt nicht der richtige Zeitpunkt ist, sie zu lesen. Was ich in periodischen Abständen überprüfe. Jahre können dabei ins Land gehen. Auf diese Weise habe ich Proust erst mit gut fünfunddreißig Jahren kennen gelernt. Kein Grund, sich zu schämen, dennoch, es hat seine Nachteile. Wenn man beinahe dreißigmal, ob in der Metro, im Urlaub, im Winter oder unter einem Sonnenschirm *Auf der Suche nach der verlorenen Zeit* zu lesen begonnen hat und dabei immer wieder bei der Beschreibung der Weißdornblüten (waren es Weißdornblüten oder Heckenrosen?) stecken blieb, fragt man sich an dem Tag, an dem es einem endlich gelingt weiterzulesen, wie es dazu hat kommen können, dass man sich Proust so lange vorenthalten hat, und umgekehrt, welches Wunder den Knoten gerade jetzt hat platzen lassen.

Ich kasteie mich heute also nicht mehr mit sezierendem Lesen, doch es kostet mich große Überwindung, auch nur einen einzigen Abschnitt zu überspringen. Ich zappe nicht. Gar nicht zu lesen scheint mir fairer als Verrat. Ich werfe das Buch hin. Worauf mich so etwas wie ein Triumphgefühl erfasst. Ein Gefühl der Befreiung, das noch schöner ist als die freudige Aufregung, die man beim Lesen manch eines wunderbaren Buches empfindet.

Das Ende vom Ende

Wie schon erwähnt, hat mir meine Mutter, als ich zwölf war, nahe gelegt, *Reise ans Ende der Nacht* zu lesen, um mich von einer befürchteten mystischen Krise abzuhalten (die Wege meiner Mutter waren unergründlich). In unserem Haus waren zwar mystische Krisen genauso wenig vertreten wie Goldbarren, doch diese außergewöhnliche Einflussnahme auf meinen freien Willen empfand ich als Beleidigung. Dass ich einem Orden beitreten würde, gleichviel ob unter religiöser oder mütterlicher Kuratel, stand außer Frage. So erklärte ich Céline erst einmal für unter meiner Würde.

Da ich sehr spät (für meine Generation jedenfalls) von zu Hause ausgezogen bin, habe ich mir erst im Alter von einundzwanzig den Luxus geleistet, mit dem Lesen der *Reise* zu beginnen. Fiasko. Totales Fiasko. Nun aber waren meine neuen Freunde (alles Linke) genau solche Scharfmacher wie meine Mutter (politisch eher rechts). Es wurde allmählich zum Alptraum. Der Druck war schließlich so groß, dass ich gelobte, Céline zu lesen, aber nur dann, wenn man mich drei Monate lang mit dem Thema in Ruhe lassen würde. Ich musste Abstriche machen. Zwei Monate. Einen Monat. Vierzehn Tage. Eine Woche.

Mit dreißig hielt ich es nicht mehr aus. Letzten Endes ist ja niemand gezwungen, eine dumme Wette mit sich selbst einzuhalten. Ich nahm mir also die *Reise* wieder vor. Fiasko. Nichts passierte. Doch die Proselyten saßen mir im Nacken, und so gab ich es schließlich auf, die Geschichte von der heiligen Nini und ihren Folterknechten weiterzuverbreiten.

Als ich Michel eines Tages von diesem nicht ganz ernst gemeinten Fluch erzählte, empfahl er mir, mit *Tod auf Kredit* anzufangen. Im Voraus schon resigniert, wie vor einer Situation, von der man weiß, dass man sich ganz sicher eine Abfuhr holen wird, reiste ich für ein Wochenende nach Binic, der »Perle der Côtes d'Armor«, wo ich *Tod auf Kredit* mit großem Genuss las. Auf eigene Gefahr übrigens, denn bei der Geschichte von der Überquerung des Ärmelkanals wäre ich vor Lachen fast von einer kleinen Mauer gefallen. Ich hatte eine Grenze überschritten. Die bösen Geister in mir waren gebannt. Zurück in Paris stürzte ich mich auf eines der drei Exemplare der *Reise* (Originalausgaben, die meine Quälgeister mir geschenkt hatten). Fiasko. Ich rannte zu einer Veranstaltung mit Luccini, der Auszüge aus der *Reise* vorlas. Es war toll, trotz seiner übertriebenen Mimik. Erneut machte ich mich über mein Exemplar her. Fiasko. Im Théâtre des Amandiers sah ich mir *Die Kirche* an, das Anfangskapitel der *Reise*, in der Inszenierung von Martinelli. Einfach wunderbar. Ich stürzte mich auf mein Exemplar. Fiasko.

Mit vierzig schlug ich bei einem Abendessen meinen besten Freunden vor, wenn sie mir etwas Gutes tun wollten und die *Reise* so sehr liebten, den Roman doch einfach für mich aufzunehmen. Jeder Einzelne von ihnen drückte sich. Zehn Jahre lang unternahm ich weitere unzählige Versuche. Provokation, Scheitern; neue Provokation, neues Scheitern, wie der Vorsitzende Mao zu sagen pflegte. Es wurde allmählich zur Farce. Ich fühlte mich regelrecht behindert. Die Zeit verging.

Zu meinem fünfzigsten Geburtstag organisierte François ein wunderschönes Fest bei Armelle. Langjährige Freunde waren ebenso vertreten wie neu hinzugekommene. Für manche Leute war es ein Wiedersehen nach sehr langer Zeit. Selbst das Wetter schien an unserer Freude teilhaben zu wollen: An jenem denkwürdigen 24. Juli bekamen wir einen Tornado geboten, gefolgt von heftigen Hagelschauern. Innerhalb von drei Minuten waren die Gäste völlig durchnässt. Später, nachdem ich die Kerzen ausgeblasen hatte, übergaben mir alle, selbst die noch ganz jungen Freunde Benjamin und Sarah, eine selbst besprochene Kassette mit jeweils einer Passage aus der *Reise*.

Die Idee war genial. Nur dass François, sanft und nachsichtig wie er ist, keinerlei Weisungen erteilt hatte, und ich somit fünf Fassungen von der Ankunft in New York oder von der Abtreibungsszene habe. Und viele Lücken. Diejenigen, die zu dem Fest nicht hatten kommen können, haben mir nun hoch und heilig versprochen, die noch fehlenden Stücke zu ergänzen. Ich besitze also rund sechzig Kassetten. Und ich kann mich nicht entscheiden, ob mir die Selbstsicherheit Christianes oder das panikartige Lesen Sylvies (»Nein, ich lese nochmal, ich habe mich verhaspelt«) besser gefällt. Unmöglich, eine Montage daraus zu machen. Beim Schneiden müsste man tragische Entscheidungen treffen.

Gelesen habe ich *Reise ans Ende der Nacht* noch immer nicht.

Ich höre es.

Bücher sind für alles gut

Es gibt Bücher, die sind wie ein Orakel: Man schlägt aufs Geratewohl die Bibel auf, zeigt mit dem Finger auf irgendeine Stelle und ist gespannt auf das, was da steht. Am Montag, dem 1. März, las ich: »Am Ende jener Frist erhob ich, Nebukadnezar, meine Augen zum Himmel, und mein Verstand kam mir wieder.« (Buch Daniel, 4, 31) An jenem grauen Vormittag, als mein Gedächtnis mich im Stich zu lassen drohte und mir das Herz eng wurde, musste ich vor lauter Dankbarkeit weinen. Ein Buch ist auch ein Wurfgeschoss (»Verdammtes Mückenvieh, endlich hab' ich dich« oder »Hau ab, hau schon ab, ich hasse dich«). Oder eine Sparbüchse, vollgestopft mit Hundertfrancs-Scheinen, was zur Folge hat, dass ich die ganze Bibliothek durchblättern muss, wenn ich finanziell in der Klemme bin. Oder aber ein Wink des Schicksals: *Szenen der großen Armut* ist mir mitten aufs Gesicht gefallen, welche tiefere Bedeutung mag dahinterstecken? Eine Panoramatafel: Am Vorabend eines langen Maiwochenendes schlägt man den Atlas auf der Seite der französischen Départements auf, lässt den

Zeigefinger ein bisschen kreisen, streckt ihn aus: Charente-Maritime. Es hätte schlimmer kommen können. Das Buch als Nutzobjekt, das man unter ein zu kurzes Tischbein legt (*Total Cheops* von Izzo). Das Buch als Statussymbol, das auf dem niedrigen Tischchen herumliegt. Mein Fall ist es nicht, aber das gibt's sehr wohl. Das Buch als Gag: *Die Menschliche Komödie* in vierzehn Bänden, ganz in Leder, auf jeden Bandrücken ein Buchstabe aus dem Namen des Autors geprägt, sodass Agathe (die große) und François, die beide die gleiche Ausgabe haben, sich telefonisch darüber austauschen, in welcher Reihenfolge sie diesmal die Bände angeordnet haben. Honoré de Balzac wurde schon zu Léonard Acheboz, Chloé Bazardone, Léon de Bazochar, Zorba le Nodaéch, Zoé Blaconharde, Adela Chrobézon, Léone da Zorbach, Carlo Zébadehon. Das Buch als Pausenfüller: Das Lexikon in Wartezimmern (nicht wertvoll genug und zu umfangreich, um es mitgehen zu lassen). Das Buch als Vorwand: *Die beste Geschichte der Welt* von Kipling zur Kaffeezeit einer Nachbarin zurückgeben, wenn man gerade mit einem Anflug von Schwermut zu kämpfen hat; wenn es Bindfäden regnet, sich daran erinnern, dass man ja ein paar Titel von Russel Banks besorgen wollte.

Und nicht zu vergessen jene als Sitzauflage benutzten Bücher (gewöhnlich Telefonverzeichnisse), die man mir, als ich klein war, beim Frisör oder im Restaurant unter den Hintern schob. Oder das »Halt dich gerade«-Buch, das man auf meinem Kopf platzierte, damit ich mich wie eine Königin bewegte. Oder die Bücher (wieder sind es Telefonverzeichnisse), die man als Stütze unter die Füße von François' Großmutter gleiten lässt. Oder die Surrogatbücher, die man Kindern in die Hand drückt, damit sie »so tun, als ob sie lesen«, die sie aber in Wirklichkeit nur wie wild bekritzeln.

Und dann gibt es noch das Buch als äußeres Zeichen für Reichtum: die teure Reproduktion von Guernica. Mir ist es egal, aber der eine oder andere würde damit vielleicht das Chaos bezeichnen, das unter meinem Glastisch herrscht. Dort lege ich nämlich alle dünnen, schmalen Ausgaben ab, die Kleinstbücher oder aber die Großformate aus der Feder meiner liebsten Künstlerfreunde. Fatale Entscheidung: Das Blumenwasser rinnt über *Chutes et Vignettes* (Originaleinband von meinem Bruder!), der orangefarbene Blütenstaub der Lilien befleckt *Zunehmen ohne Verzicht* von Cueco, Zigarettenasche bestäubt die *Naturgeschichte* von Pascale Boillot, das Exemplar, das Ernest Pignon-Ernest mit einer gezeichneten Widmung verschönert hat, sowie meine Sammlung von Glückwunschkarten von Valentina La Rocca, Ingrid Hörlin und Sylvain Salomovitz. Ich schäme mich. Immerhin, auch wenn diese Raritäten in Schmutz und Dreck leben müssen, dämmern sie wenigstens nicht vor sich hin.

Manchmal trägt die Verwendung von Büchern auch tragische Züge: Wenn ihnen im Winter der Brennstoff ausging, haben die Einwohner von Sarajevo ihre Bücher nass gemacht, zusammengepresst und so in kleine Briketts verwandelt. Die Bücher von Tito wurden ohne Bedauern den Flammen geopfert, bei allem andern aber taten sie sich schwer, selbst wenn Fenster und Türen schon draufgegangen waren, es keinen Strom mehr gab, Batterien und Kerzen eine Seltenheit waren und die Zeit eingeteilt war zwischen Wasserholen und Lebensmittelversorgung, was an Schwerstarbeit grenzte.

Kult und Bildungslücken

Die Lücken auf meinen Regalen weisen nicht nur auf ausgeliehene oder noch nicht wieder eingeräumte Bücher hin.

Manche verraten abgrundtiefe Bildungslücken. Natürlich findet man bei mir *Die Geschichte vom Prinzen Genji*, aber keinen Shakespeare.

Ich habe kleine, unbekanntere Werke der Bekenntnisliteratur gelesen, seltene Titel, belanglose oder ganz wichtige Romane, aber *Die Göttliche Komödie* sucht man bei mir vergebens. Man wird von mir nicht die großspurige Behauptung hören, ich würde in den Ferien *Lehrjahre des Gefühls* noch einmal lesen. Ich werde es lesen, punktum, zu Michels großer Entrüstung.

Es passt zu mir, dass ich dieses erniedrigende Geständnis für den Schluss aufgehoben habe. Hätte ich es gleich zu Anfang abgelegt, hätte man es wegen meiner beeindruckenden bibliographischen Litanei verdrängt. Würde ich es verschweigen, könnte man annehmen, dass ich, da ich *Les Tragiques* von Agrippa d'Aubigné für mich entdeckt habe, bestimmt auch mehr als nur ausgewählte Ausschnitte aus den *Lusiaden* von Camoëns gelesen habe. Man würde mir dieses Buch auf Grund jenes anderen zutrauen. Bildungslücken durch Vorspiegelung falscher Tatsachen verschleiern? Niemals. Doch diese demütigende Offenheit nutzt mir gar nichts: Wenn ich meine Freunde darüber aufkläre, dass sie mir zu viel an literarischen Kenntnissen unterstellen, fassen sie das als Scherz oder Ausdruck falscher Bescheidenheit auf. Sie glauben mir nicht, und ich fühle mich wie eine Heuchlerin. In diesen Situationen deprimiert mich Gedrucktes am meisten.

Warum habe ich all diese klassischen Meisterwerke oder auch Kultbücher wie *Ulysses* und *Moby-Dick* eigentlich nicht gelesen? Zum Teil gerade deswegen, weil sie Kultbücher sind, und ich mich Initiationsriten verweigere. Aber auch deswegen, weil mir jene innere Ausgeglichenheit, Unschuld oder Unbeschwertheit fehlt, die es braucht, um sich in ein großes Werk der Weltliteratur zu vertiefen, dessen theoretische oder wirkliche Bedeutung man nur allzu gut kennt. Um mit der Lektüre eines Simenon zu beginnen, muss man nicht im Zustand der Gnade sein. Aber um sich mit einem Buch von Claudel zu beschäftigen, muss man zumindest Zeit und Muße haben. Wenn ich es aufschlage, erfasst mich ein ungeheurer Bammel. Eine Art Panik, Klaustrophobie, Angst schnürt mir die Kehle zu, veranlasst mich, das Lesen wichtiger Bücher auf bessere (die Ferien) oder schlimmere Tage (eine Krankheit, die mich nicht zu sehr mitnimmt) zu verschieben. Ganz ohne Freudschen Vorwand wie im Fall der *Reise ans Ende der Nacht* stelle ich die Lektüre mancher Bücher Jahrzehnt um Jahrzehnt zurück. Nicht aus Ignoranz oder weil mir die Lust dazu fehlen würde – es ist eher eine Mischung aus naivem Respekt, ehrfürchtigem Erstarren und abergläubischer Hoffnung auf ideale Bedingungen.

Aber warum eigentlich werde ich rot, beklage ich mich, lasse mich verstimmen, gefalle mir in Selbstkritik und Selbstvorwürfen? Ich habe doch eine so schöne Zukunft vor mir.

Schlusskorrektur

Ich glaubte, meine kleine Biobibliographie sei am Ende angelangt. Doch sobald etwas am Ende angelangt ist, fängt es – los, auf Nini! – wieder von vo-o-rne an. Ich habe unzählige Dinge vergessen, und das Leben geht weiter.

François hat mein Arbeitszimmer nicht mit neuen Regalen bestückt, ich habe meine Bücher nicht einsortiert.

Mein Bruder machte in einem Bistro die Bekanntschaft eines Mädchens, das gerade die *Lügengeschichten* von Ambrose Bierce zu lesen angefangen hatte. Er fragte sie, wo sie es gekauft habe: »Da draußen, am Stand auf der Straße.« Er rannte hin. Zwei Exemplare desselben Titels, das würde ja an ein Wunder grenzen. Es war ein Wunder. Triumphierend und mit schelmischem Blick hat er mir die *Lügengeschichten* zurückgegeben.

Dodo erzählt mir, eine ihrer Freundinnen lässt jedes Lesezeichen da liegen, wo sie es eingesteckt hat, sodass das Buch am Ende einer Ziehharmonika gleicht.

Seit ein paar Tagen weiß ich, dass ich Seife, die nach süßem Mandelöl duftet, deswegen so gern mag, weil sie an den Leim mancher Bücher erinnert.

Geboren 1936 von Perec ist unauffindbar. Mein Perec, mein Perec, hat jemand meinen Perec gestohlen? Diese Obsession wird allmählich zur Farce. Hingegen habe ich *Hundert Jahre Einsamkeit* wiedergefunden. Es lag genau dort, wo es hingehört (die schönste Art, es zu verlieren).

Ich wünsche mir ein Zen-Zimmer, ohne Bücher.

Ich würde gern aus Ivry wegziehen, wieder in Paris wohnen, mit all meinen Büchern um mich herum. Zweihundertfünfzig Quadratmeter mit Blick auf die Seine, im obersten Stockwerk, mit einer riesigen Terrasse. Wenn schon, denn schon!

Übrigens habe ich eine meiner Phantasien verwirklicht. Besser gesagt, ich habe mich für einen kleinbürgerlichen Kompromiss entschieden: Ich habe nämlich zuerst die Kapitelanfänge von *Unter toskanischer Sonne* illustriert. Direkt in Aquarellfarben, ohne jedes schlechte Gewissen. Dann habe ich Jane zu ihrem Geburtstag mit farbiger chinesischer Tinte *Douze Dialogues de bêtes* von Colette illustriert, und im Anschluss daran die *Natürlichen Geschichten* von Jules Renard. Morgen werde ich den Mut haben, mein Aquarell auf die bedruckte Seite zu platzieren.

Middlemarch habe ich immer noch nicht gelesen. Catherine hat inzwischen ein Baby bekommen und ist nach Lille umgezogen.

Weil ich allmählich genug habe von all dem Vor- und Zurückblättern, um die Stelle zu finden, an der ich stehen geblieben war, klebe ich kleine, auf einer Seite haftende Zettel in mein Buch. Sie kleben zwar nicht allzu gut, aber immerhin so, dass nach einiger Zeit die Buchstaben eine Phantomspur auf der Klebeseite hinterlassen. Ich verliere also in der Metro weniger Zeit damit, die richtige Seite wiederzufinden.

Mir ist klar geworden, warum ich im Bus, im Zug oder im Flugzeug nicht so gut lesen kann. Es hat nichts mit der sitzenden Position zu tun. Andere Gründe kommen zusammen: Die Landschaft beansprucht meine Aufmerksamkeit zu sehr; die Bussitze sind so konzipiert, dass der Passagier sich sanft nach vorn neigt, und so ist es besser, man hält sich selbst fest an Stelle eines Buches. Im Flugzeug und im Zug läuft man Gefahr, dass einem die Tischchen in der Rückseite des Vordersitzes in den Bauch stoßen: Deshalb sollte man sie besser zugeklappt lassen und statt zu lesen die Mitreisenden oder die Wolken beobachten. In diesen Situationen hätte ich gern, dass François mir Michaux vorliest.

Letzten Endes weiß ich ganz genau, warum ich diese paar Seiten geschrieben habe. Ich will damit eine schmerzliche Demütigung, die ich im Alter von sechs oder sieben Jahren erlitten habe, ein für allemal auslöschen. Ich hatte mein ganzes Herzblut darauf verwandt, in einem Aufsatz mit dem Thema »Mein Lieblingsbuch« dessen Einband zu beschreiben, mit den durch vieles Benutzen ganz rund gewordenen Ecken, den Seiten, die so weich waren wie Löschpapier usw. Am Rand hatte die Lehrerin in voller, klarer Schrift mit roter Tinte vermerkt: »Thema verfehlt«.

Inhalt

Bettleserin *5*
Lesezeichen *7*
Verleihen *9*
Ausleihen *12*
Öffentliche Bibliotheken *15*
Die guten ins Töpfchen, die schlechten … *17*
Herumstöbern *20*
Geschenke *22*
Kaufen *25*
Umschläge *27*
Gerüche *29*
Musik *32*
Spitzel *34*
Bauchbinde *36*
Strichcode *37*
Exlibris, Widmung & Co. *39*
Phantasien *42*
Unfälle *44*
Bulimie *47*
In den Sattel heben und an den Pranger stellen *49*
Mundpropaganda *52*
Gedankensprünge *54*
Alltagstrott *56*
Ans Bett »gefesselt« *59*
Depression *62*
Handbücher und Lexika *65*
Aufräumen *68*
Allgemeine Pathologie des Lesers *71*
Indiskretion *73*

Verreisen *76*
Widerruf *79*
Auto *80*
Hotel *82*
Vorwegnahme *84*
Zwiebelfische und Fliegenköpfe *87*
Tücken des Objekts *89*
Restaurant *90*
Bücher schwer wie Blei *92*
Kurzsichtigkeit *94*
Tempowechsel *96*
Über Kreuz lesen *98*
Laster oder Tugend *100*
Ungeteilte Leidenschaft *103*
Panik *105*
Überdruss *108*
Zu früh, zu spät *110*
Dubletten *111*
Ungeniertheit *113*
Das Ende vom Ende *115*
Bücher sind für alles gut *118*
Kult und Bildungslücken *120*
Schlusskorrektur *122*

ANNIE FRANÇOIS, 1944 geboren, arbeitet als Verlagslektorin in Paris. *Buchgeflüster* ist ihr erstes Buch. Es wurde von der französischen Presse begeistert aufgenommen und in mehrere Sprachen übersetzt.

MARIANNE SCHÖNBACH wurde 1956 geboren. Sie studierte Romanistik mit den Schwerpunkten französische und spanische Literatur. Sie hat u.a. Werke von Pierre Assouline, Bertrand Blier, Marc Dugain und Alfred Grosser übersetzt.

Wenn Ihnen dieses Buch gefallen hat und Sie sich für das Programm des persona verlags interessieren, fordern Sie das kostenlose Gesamtverzeichnis an!